토기장이

"우리는 진흙이요 주는 토기장이시니
우리는 다 주의 손으로 지으신 것이라"(이사야 64:8)

아이는 왜 내 말에 상처받을까?

The Power of a Parent's Words
Copyright © 1991 by H. Norman Wright
All rights reserved.

Korean translation copyright © 2000 by Togijangi Publishing House
Togijangi B/D 3F, 26 Mangwonro, Mapogu, Seoul 121-903, Korea

This Korean edition is published by arrangement with Baker Books, a division of Baker Publishing Group, Grand Rapids, Michigan, 49516, U.S.A.

본 저작물의 한국어판 저작권은 Baker Books와의 독점 계약으로 한국어 판권을 '도서출판 토기장이'가 소유합니다. 저작권법에 의하여 한국 내에서 보호를 받는 저작물이므로 무단 전재와 무단 복제를 금합니다.

특별한 표기가 없는 모든 성경 구절은 개역개정성경을 인용한 것입니다.

하나님의 마음으로 자녀와 대화하기

아이는 왜 내 말에 상처받을까?

H. 노먼 라이트 지음
김주성 옮김

도서출판 토기장이

추천의 글

H. 노먼 라이트의 책을 읽으면서 나는 믿음 안에서 자녀를 양육하는 것에 대한 깊이 있는 성찰에 큰 영감을 얻었다. 그리고 자녀와 대화하는 데 있어서, 어떻게 하면 마음속에 있는 사랑과 평화를 온전히 서로의 가슴에 전달할 수 있는지를 배울 수 있었다. 책에서 다루고 있듯 우리는 사랑하면서도 아이들에게 상처를 주고, 또 아이들로부터 상처를 받기도 한다. 저자는 상처와 회복에 관한 메시지를 매우 공감되는 예시를 들어 설명하고 있으며, 질문을 통해 독자들로 하여금 자신을 돌아보고 성장하도록 돕는다. 또한 진정한 사랑의 의미와 성경적인 대화법을 아주 구체적으로 알려주고 있다. 크리스천뿐 아니라, 부모라면 누구나 꼭 읽어 보았으면 하는 책이다.

박재연 리플러스 인간연구소 소장, 「엄마의 말하기 연습」 저자

아이는 돈으로 매길 수 없을 만큼 값진 존재다. 그 존재는 내 것도 아니다. 하나님이 내게 맡기신 존재다. 그렇다면 부모로서 나의 역할은 아버지 하나님과 함께여야 한다. 우리는 의도와 상관없이 아이들을 힘들게 할 수 있다. 특히 말로 주는 상처는 치유하기도 쉽지 않은 강력한 폭력이다. 멀리 있는 사람이 우리를 아프게 하는 경우는 드물다. 아이를 아프게 하고 상처 주는 사람은 바로 아이를 가장 사랑하는 부모들이다. 사랑하는 아이들에게 나는 어떻게 반응해야 할 것인가? 나는 부모로서 어떻게 말하고 행동해야 할 것인가? 다시 말하지만, 나의 역할은 아버지 하나님과 동역해야만 가능하다. 그런 면에서 이 책은 아이를 대하는 부모에게 좋은 지침서가 되어줄 것이다.

이요셉 다큐 사진작가, 「육아를 배우다」 저자

「아이는 왜 내 말에 상처받을까?」를 읽으며 가슴을 치는 깨달음과 뒤통수를 얻어맞은 듯한 충격을 느꼈다. 가정은 인생의 베이스캠프이고 부모는 자녀의 모델이 되어야 한다는 것을 우리는 너무도 잘 알고 있다. 하지만 가장 힘든 것이 부모의 역할이고, 사랑하기 때문에 더 큰 상처를 주는 것이 우리의 현실이다. 우리는 종종 마음이 체해 있는 자녀를 보며 어찌 해야 할지 몰라 쩔쩔매곤 한다. 이 책은 그러한 부모들에게 어떻게 하면 자녀를 보듬어주고 북돋아 줄 수 있는지 구체적인 방법을 들어 알려주고 있다. 어쩌다 어른이 되고, 준비 없이 부모가 된 우리 모두가 꼭 읽어야 할 필독서다.

이해달 두란노 아버지학교 운동본부장

「아이는 왜 내 말에 상처받을까?」는 진한 공감과 분명한 길을 보여주는 '빛'과 같은 책이다. 저자는 수십 년간 결혼, 가정사역을 해온 권위자답게 깊고 풍성한 예를 통해 자녀 교육이라는 어두운 밤길을 헤매는 부모에게 분명한 이정표를 제시해준다. 공감은 지혜로운 해결책이다. 하지만 저자는 거기에 머물지 않고, 우리가 가야 할 길을 선명한 성경적 기준으로 섬세하고 구체적으로 인도해 준다. 이 책은 자녀와의 관계에서 길을 잃거나, 방황하거나, 낙심한 부모들이 다시 일어나 그 길을 완주할 수 있도록 힘을 주는 하나의 선물이 될 것이다.

조성희 한울림교회 사모, 독수리기독학교 교사

자녀는 부모에게 주신 '하나님의 선물'임이 분명하지만, 자녀가 성장하면서 부모자녀 간에 충돌이 잦아지면 내 자녀가 정말로 하나님이 주신 선물인지 회의가 들기도 한다. 그래서 오히려 자녀가 '십자가'로 여겨지면서 부모의 신앙을 송두리째 흔드는 거대한 태풍 같아 보일 때가 많다.

무면허 운전은 사고의 위험과 처벌의 두려움이 상존한다. 그러나 운전하는 법을 배운다면 운전이 재미있어질 뿐만 아니라 삶의 지경도 넓어진다. 마찬가지로 자녀 양육에 있어서도 성경적 가치관과 그에 합당한 방법론을 습득하게 되면 자녀 양육이 즐거워지고 풍성해질 것이다.

그런 의미에서 H. 노먼 라이트 박사의 「아이는 왜 내 말에 상처받을까?」는 주목해야 할 책이다. 그는 가정 사역의 대가이면서 결혼, 가정, 아동 전문 치료사이고, 40여 년 동안 대학에서 상담과 심리학을 가르친 권위자이기 때문이다. 이미 그의 좋은 책들이 국내에 많이 번역이 되었는데 이 책은 그중에 단연코 탁월하다.

이 책은 자녀와의 의사소통에서 부모가 느끼는 좌절감에 대처하는 효과적인 방법을 제시하고 있다. 자녀를 바라보는 저자의 근본적 관점은 창조 신앙과 아이의 고유한 정체성이다. 하나님이 특별한 섭리 가운데 그 아이를 창조하셨음을 인정하는 것이 급선무라는 것이다. 부모가 독특하듯 자녀도 독특하다. 부모가 이 진리를 인정하지 않는다면 자녀와 원활한 의사소통이 이뤄지지 않고, 서로 상처를 주게 되며, 분노와 좌절감이 켜켜이 쌓여, 결국 자녀를 육체적, 정서적, 언어적으로 학대하게 된다. 그래서 하나님이 당신을 특별하게 창조하셨듯이 당신의 자녀도 독특하게 창조하셨음을 먼저 인정해야 한다.

자녀에 대한 이런 인식의 변화는 부모 자신의 정체성과 역할을 재정립하게 해준다. 더 나아가 하나님의 소유인 자녀를 자신의 소유인 양 착각하고, 자녀에게 자신을 복제하려는 허망하고 무익한 생각이 문제의 근원이었음을 깨닫게 해준다.

저자는 모든 자물쇠에는 제 열쇠가 있듯, 자녀에게도 각자에게 맞는 양육방법이 있음을 강조한다. 자녀의 고유성을 인정할 때만 자녀에게 합당한 소통방법을 강구하게 되고, 자녀는 부모의 말에 귀를 기울이게 될 것이다. 이렇게 될 때 부모는 자녀 양육의 보람을 느끼게 되고, 하나님의 동역자로서 서게 될 것이다.

저자는 부모의 언어에 주목한다. 언어는 자녀와의 관계에서 좌절감을 일으키는 주요 요인이자, 회복의 수단이기도 하기 때문이다. 언어는 인간의 중요한 특질이요, 하나님이 주신 은사 중 하나이다. 무엇보다 부모의 말은 힘이 있다. 그 힘은 아이를 세우는 도구가 되기도 하고, 아이를 무너뜨리는 흉기가 되기도 한다. 부모의 입에서 '유독성 언어 무기'를 버려야 한다는 가르침과 구체적인 교정 방법들은 부모 자신의 영적 성장에도 크게 이바지할 것이라 확신한다.

이 책을 통해 자녀와 원활하게 의사소통하는 부모, 행복한 부모가 되기를 바란다.

한기채 중앙성결교회 담임목사, 「자녀축복기도문」 저자

프롤로그

진정한 사랑은 진정한 이해에서 비롯된다

노마는 열두 살짜리 딸 알리카의 방에서 재빨리 나오며 등 뒤의 문을 닫았다. 그녀는 자신이 발을 쿵쾅거리며 문을 쾅 닫아버리지 않았다는 것만으로도 안도감을 느꼈다. 사실 그녀는 딸과 언쟁한 후라 그렇게 하고 싶었다. 최근 들어 노마와 알리카의 관계는 대개 대립으로 끝났다. 대립의 문제는 항상 알리카가 숙제를 하는 데 꾸물거린다는 것 때문이었다.

"그 애가 또 그랬다는 걸 믿을 수 없어. 발표 숙제를 미리미리 준비하라고 수도 없이 말했건만 늘 마지막 시간까지 미룬다니까. 심지어 내일 발표할 숙제가 있다는 것을 내게 말하지도 않았어! 내가 물어보지 않았다면, 선생님께 어설픈 변명을 늘어놓다가 낙제점을 받았을 거야." 노마는 서둘러 계단을 내려와 부엌으로 가면서 혼자 불평했다.

저녁식사를 할 때까지 방에 있으라고 알리카에게 명령해놓고 노마는 친구 베네디트에게 속상한 마음을 털어놓으려고 부엌에 있는 무선 전화기를 집어들었다. 그러나 노마가 다이얼을 누르기 전에 먼저 알리카의 목소리가 수화기에서 들려왔다. 알리카가 친구들과 숙제를 상의

할 수 있도록 알리카의 방에 전화선을 연결해주었던 것이다. 보통 딸이 통화하고 있는 것을 알면 노마는 즉시 전화를 제자리에 놓았지만, 이번에는 마치 전화기가 노마의 귀에 달라붙어 있는 것만 같았다. 노마는 숨을 죽이고 귀를 기울였다.

"우리 반 애들 앞에 나가서 발표하는 것이 내게 얼마나 어려운 일인지 우리 엄마는 전혀 이해하지 못해." 알리카가 흐느껴 울었다.

"그래, 나도 알아. 엄마들은 모두 우리를 이해한다고 생각하시지만, 사실은 그렇지 못하잖아." 알리카의 같은 반 친구인 티나가 마치 큰언니라도 된 것처럼 알리카를 위로했다.

"엄마는 늘 '넌 할 수 있어, 알리카. 내가 학교 다닐 때 가장 잘한 과목이 바로 공개 발표였어. 그러니까 너도 노력만 하면 잘할 수 있을 거야. 문제는 네가 자꾸 뒤로 미루려고 하는 거야'라고만 하셔. 엄마는 나를 '게으르다'고 단정짓고, 열심히 일하고 태만한 자가 되지 않는 것이 얼마나 중요한지에 대해 성경 구절까지 인용해서 말씀하신다니까. 난 도무지 엄마를 기쁘게 할 수가 없는 것 같아. 발표하는 것이 얼마나 힘든지 내가 말하면 엄마는 훈계만 하셔."

알리카는 흐느끼느라 말을 잇지 못했다. 노마는 조용히 전화를 끊고 부엌의 찬장을 멍하니 바라보았다.

"내가 정말로 딸에게 상처를 주었어." 잘 믿어지지 않는 얼떨떨한 상황 속에서도, 노마의 가슴은 아려왔고 목구멍까지 감정이 솟구쳐 올랐다. "난 그 애가 숙제 때문에 그렇게 힘들어하고 있는지 몰랐어. 알리카에게 용기를 주고 동기를 불러일으켜 주려 했지만, 거꾸로 내 말은 그 아이를 낙담시키고 상처를 주었어. 이건 숙제를 하지 않고 꾸물대는 것보다 훨씬 더 심각한 문제야. 이제 나는 말로 딸에게 상처 주는 것을 중단하고 그 아이를 북돋아 주어야 해. 그렇지만 어떻게 해야 할지 도무지 모르겠어."

이 장면이 이상하게도 익숙하게 느껴지는가? 아마도 이름이나 구체적인 사항들은 좀 다를 수 있겠지만, 당신은 꾸물대는 알리카 때문에 부모인 노마가 느낀 속상한 마음을 공감할 수 있을 것이다. 그 외에도 당신은 자녀가 가진 기질이나 행동 때문에 속상할 수도 있다. 즉 너무 시끄럽거나, 지저분하거나, 언니나 오빠나 동생들에게 함부로 대하거나, 부주의하거나, 정신을 차리지 않거나, 게으르거나, 까다롭거나 등 열거하자면 끝이 없을 것이다.

또한 당신은 이 이야기에서 엄마가 느낀 좌절에 공감할 수 있을 것이다. 왜냐하면 당신도 때로는 너무나 속상해서 말로 자녀에게 상처를 주었을 것이기 때문이다. 당신의 의도는 좋았다. 당신은 자녀의 최선을 원했을 뿐이다. 그러나 어쨌든 당신은 자녀에게 필요한 용기를 북돋아 주는 대신 분노와 실망만을 전달하고 말았다. 즉 당신은 자녀에게 상처 주는 말을 그치고 북돋아 주는 말을 시작하고 싶지만, 어디서부터 시작해야 할지 알 수가 없다.

나는 상담실과 수년간의 세미나에서 노마처럼 좌절감을 겪고 있는 수십 명의 부모와 대화했다. 그 선량하고, 애정이 깊은 그리스도인 부부와 편부모들은 내게 이렇게 말하곤 했다. "박사님, 우린 아이들을 사랑해요. 그리고 그 아이들을 주의 교양과 훈계로 양육하길 원해요. 그러나 어떻게 그것을 실천하면서 아이들과 대화를 나눌 수 있을까요?

어떻게 하면 우리가 하는 말을 통해 자녀를 북돋아 줄 수 있을까요?" 아마 당신이 이 책을 선택한 것도 동일한 질문을 가지고 있기 때문일 것이다.

이 책은 나의 상담실과 미국 전역의 세미나에서 부모들과 나눈 의사소통의 지침사항을 요약한 것이다. 이 책의 내용은 현재 당신의 양육 태도와 의사소통 방법을 점검 및 평가하고, 변화되어야 할 부정적인 특성들을 파악하며, 자녀의 고유성에 초점을 맞추는 의사소통 전략을 확립할 수 있도록 도울 것이다. 각 장은 당신과 배우자, 스터디 그룹이 각자의 가정에 적용할 수 있도록 돕는 실습으로 결론을 맺는다.

당신의 가정에서 이 '부모 의사소통 지침'을 성공적으로 적용하려면, 부모인 당신 자신이 어떠한 가정 출신인지를 먼저 이해해야 한다. 당신의 현재 가정은 어떠한가? 당신의 자녀는 가정에서 어떤 역할을 하고 있는가? 당신의 원가정Original Family은 어떤 가정이었는가? 당신은 원가정에서 자녀로서 어떤 역할을 했는가? 당신과 부모 사이의 의사소통은 당신과 자녀 사이의 의사소통에 어떤 영향을 미쳤는가? 당신은 어떠한 동기로 부모가 되었는가? 당신이 부모역할을 수행하는 데 목표가 있다면 그것은 타당한가? 당신의 가정에 있는 역기능적 요소가 당신의 목표 달성을 막고 있는가? 당신의 부모 됨의 유형은 성경의 진리에 근거하고 있는가, 아니면 오늘날 유포되고 있는 허무맹랑한 신화에 근거하는가? 이 책의 1부는 이러한 기초적인 쟁점들을 다룬다.

우리는 오늘날의 사회에서 벌어지는 아동 학대에 대해 이야기를 많이 듣는다. 많은 크리스천 부모는 자신들이 자녀를 구타하거나 성적으로 학대하지 않기 때문에 이런 종류의 범죄에 있어서 완전히 결백

하다고 느낀다. 그러나 언어적 학대에 있어서는 어떤가? 때로 우리가 속상하고 화나서 쏘아대는 말이 총알보다 더 심각하게 자녀를 아프게 할 수 있음을 당신은 깨닫는가? 당신은 자녀를 움츠러들게 하는 메시지와 자녀를 북돋아 주는 메시지를 구별할 수 있는가? 2부에서는 부모-자녀 상호작용에서 근절되어야 할 오염된 의사소통의 유형들이 무엇인지 밝힐 것이다.

당신이 자녀의 고유성을 더 잘 이해할수록, 말로 자녀를 북돋아 주며 양육할 준비는 더 잘될 것이다. 당신은 각 자녀의 동기를 불러일으켜 준다는 것이 무엇인지 아는가? 자녀의 삶을 이끌고 가는 내면의 시계 Inner Clock가 무엇인지 발견했는가? 자녀의 고유한 학습 양식이 무엇인지 알고 있는가? 유전자, 출생순서, 성격유형 등 타고난 고유한 기질들의 조합을 고려하여 자녀를 양육하고 있는가? 3부에서는 당신의 가정에 있는 '고유한 자녀'에게 '부모-자녀 의사소통 방식'을 맞출 수 있도록 당신을 안내해줄 것이다.

알리카가 잠자리에 든 후 노마는 친구 베네디트에게 전화를 걸어 그날 오후 부엌의 전화에서 우연히 엿들은 내용을 울면서 자세히 이야기했다. 그리고 노마는 베네디트도 아들 브래드와 함께 몇 년 전에 비슷한 위기를 겪었다는 것을 알고 깜짝 놀랐다.

"그때 나는 브래드가 어떤 기질의 아이인지, 그리고 브래드가 내게 필요로 하는 것이 무엇인지 잘 모르고 있었어. 북돋아 주는 방식으로 브래드와 의사소통하는 대신, 좌절감 속에서 브래드를 말로 괴롭히며 브래드가 해야 할 일이라고 생각한 것들을 억지로 시키려고 했지. 나는 내가 브래드에게 그렇게 깊은 상처를 주고 있다는 것을 전혀 모르고 있었어. 그러다 브래드의 주일학교 선생님이 브래드가 수업 시간에 낭독한 기도문에 대해 말해주었을 때에야 비로소 알게 되었지. 그 기도문은 이런 것이었어. '엄마가 늘 저에게 화내지 않도록 하나님이 도와주시기를 원해요.' 그제야 나는 브래드에 대한 나의 의사소통 방식에 뭔가 변화가 필요하다는 것을 깨닫게 되었어.

그런데 노마, 주님께 감사하게도 나는 변화되었어. 나는 이제 말로 브래드에게 상처를 주는 대신 정말로 그 애를 북돋아 주고 있다고 생각해. 지난 몇 년 동안 내가 배운 것을 너와 나눌 수 있다면 정말 기쁠 거야."

자녀와의 의사소통 방식에 대해 내가 당신에게 해줄 수 있는 가장 유용한 말은 의외로 간단하다. 당신은 변화될 수 있다! 당신의 성장과 변화에 도움이 되는 좋은 자료들은 세상에 많이 있고, 지금 당신이 손에 들고 있는 이 책도 바로 그중 하나가 될 것이다. 당신이 변화를 향해 적극적으로 발걸음을 내딛기 시작할 때 부모역할을 감당하는 데서 오는 좌절은 현저하게 감소될 것이다. 당신이 자녀를 잘 양육하는 부모로 계속 성장하는 데에 하나님이 이 책을 사용하시기를 기도한다.

H. 노먼 라이트

차례

추천의 글
프롤로그

1부 자녀를 북돋아 주는 부모

01 당신의 가정에서는 건전한 의사소통이 이뤄지는가? 19
02 당신은 왜 부모가 되었는가? 40
03 부모역할 및 인격형성의 목표 60
04 당신은 나침반 없이 표류하고 있는가? 76
05 부모역할의 신화 90

2부 오염 없는 의사소통

06 유독성 언어 무기를 버리자 110
07 의사소통에서 좌절하지 않는 방법 133
08 가치절하 메시지, 북돋아 주는 메시지 157

**3부 자녀별
　　　맞춤 의사소통**

09　모든 자녀는 값을 매길 수 없이 귀하다　　　　　　183

10　첫째 자녀와 의사소통하기　　　　　　　　　　　203

11　둘째, 셋째, 막내, 외동 자녀와 의사소통하기　　　220

12　자녀의 성격에 맞춰 의사소통하기 1　　　　　　　242
　　(외향형/내향형, 감각형/직관형)

13　자녀의 성격에 맞춰 의사소통하기 2　　　　　　　266
　　(사고형/감정형, 판단형/지각형)

에필로그

1부

자녀를 북돋아 주는 부모

당신의 가정에서는
건전한 의사소통이 이뤄지는가?

서너 명의 젊은 부모들이 마브와 알마 존스톤 부부의 집으로 일찌감치 모여들었다. 그 모임은 교회에서 몇 명의 부부와 편부모들이 자녀 양육에 대한 서로의 상황을 비교해보기를 원하며 시작되었다. 그들은 대부분 5세에서 11세에 이르는 자녀의 성장 모습에 만족해하며 느긋하게 생각하고 있는 편이었다. 자녀 중에는 어떤 문제 때문에 강한 징계를 받았거나 정서적 문제를 갖고 있는 경우가 없었다. 그러나 존스톤 부부의 거실에 모인 사람들은 자신들의 부모역할에 대해 막연하게나마 염려를 갖고 있었다.

마브가 간단하게 기도한 후 말했다. "이곳은 격의 없는 모임의 자리입니다. 그러니 우리의 가족에 대해 스스럼 없이 나누겠습니다. 돌아가면서 우리의 자녀, 가족 생활, 그리고 각자 직면하고 있는 문제에 대해 이야기하도록 하겠습니다."

사람들은 적극적으로 호응했다. 여러 부모가 말을 했는데 그것은 각각 미국인 가족 생활의 한 단면을 반영하는 것 같았다. 그들이 설명하는 문제들은 대부분 사소하고 꽤 흔한 것이었다. 그럼에도 불구하고 그들은 자녀의 행동을 볼 때 자신들이 부모역할을 잘 수행하고 있는지 자신할 수 없다는 뜻을 내비쳤다.

거실의 뒤쪽에 앉아있던 사람이 맨 마지막으로 말했다. "제 이름은 프랭크입니다. 여러분의 가정에 대해 솔직히 말씀해주셔서 감사합니다. 제가 오늘 밤 이 자리에서 들은 것은 지난 몇 년간 다른 부모 모임에서 들은 것과 유사합니다. 여러분은 제가 부모라는 것을 물론 알고 계시겠지만, 한 가지 더 아셔야 할 것이 있습니다. 그것은 우리의 토론과 관계된 것입니다. 저는 역기능적 가정에서 성장했고, 그 환경에서 물려받은 역기능적 행동에서 아직도 회복 중에 있습니다. 그렇다고 해서 제가 얻어맞았거나, 발길질 또는 성적 학대를 당했거나, 며칠 동안 벽장에 갇혀 있었다는 것은 아닙니다. 제가 당한 학대는 그보다 더 미묘한 것이었습니다. 그것은 눈에 보이는 어떤 상처나 흉터를 남기지는 않았습니다. 그러나 제가 받은 학대는 저의 내면 깊숙이 상처를 주고 흔적을 남겼습니다. 저는 언어적 학대를 당했습니다."

프랭크가 계속해서 말할 때 몇 명의 부모는 놀라움에 숨을 멈추었다.

"여러분이 가족에 대해 설명하는 것을 들을 때, 어떤 이야기들은 제가 자란 가정을 상기시켰습니다. 여러분이 자녀에 대해 설명하는 것을 들을 때, 그중 어떤 아이들은 겉으로는 건강해 보였지만, 실상은 역기능적 행동의 초기 증상을 보이는 것 같았습니다. 감사하게도 이 모임에는 신체적이거나 성적인 학대의 문제가 없습니다. 그러나 만일 여러분이 언어적 학대가 있는 가정 출신이라면, 십중팔구 그 성향은 지금 당신의 가정에도 있을 것입니다."

프랭크는 잠시 말을 멈추었고 그 순간 실내는 침묵에 잠겼다. 사람들의 눈은 모두 그에게 고정되었다. 아무도 움직이지 않았다. 많은 부모가 그의 말에서 의미심장함과 다소 불편함을 느꼈다. 마침내 한 어머니가 침묵을 깨고 말했다. "당신이 오늘 밤 들은 얘기 중에서 무엇이 당신을 염려하게 했는지 밝혀주시겠어요? 우리는 대부분 자녀의 행동에 대해 비슷하게 설명했어요. 우리가 모두 잘못된 길에 서 있는 걸까요?"

"제 말은 우리의 모든 자녀가 범죄자나 낙오자가 될 것이라는 의미는 아닙니다. 그러나 우리가 자녀와 함께 걷고 있는 길은 우리가 생각하는 목적지로 향하고 있지 않을지도 모릅니다. 여러분이 따르고 있는 자녀양육의 길은 여러분이 과거에 경험한 것의 결과일 뿐입니다. 당신이 자녀에게 말하는 방식이 자신에게는 표준으로 보일 수 있습니다. 왜냐하면 당신이 어린아이였을 때 부모님이 당신에게 그런 방식으로 말씀하셨기 때문입니다. 그러나 당신이 표준으로 받아들이는 것이 반드시 옳지는 않습니다. 크게 볼 때, 우리가 자녀에게 어떻게 말하느냐에 따라 가정 안에서 자녀의 역할이 결정되고, 그들이 성인이 될 때까지 지속될 행동양식과 반응이 형성됩니다. 바로 그렇기 때문에 우리가 하나님의 말씀에 따라 자녀와 의사소통을 하는 것이 매우 중요합니다."

당신이 자녀에게 하는 말이 자녀의 역할을 결정한다

"'역할'이라는 것이 뭐죠?" 두 자녀를 가진 편부모가 질문했다. "어떤 아이들은 우리가 그들에게 어떤 말을 하느냐에 따라 특정한 방식으로 행동하게 된다는 말인가요?"

"맞습니다" 프랭크가 말했다. "아이들은 가족 안에서 자기의 역할을 스스로 개발해내고, 또 다른 경우에는 의식적으로든 무의식적으로든 어떤 역할이 부모에 의해 그 아이에게 부과됩니다. 그리고 그 역할이 바로 자녀의 정체성이 됩니다. 아이는 가정 속에서 어떻게 생존할 수 있는지를 학습하며, 자기의 역할을 수행함으로써 자신의 가치를 발견합니다. 그런데 문제는 아이의 진정한 정체성의 일부 요소가 그가 떠맡은 역할 때문에 봉쇄될 수 있다는 것입니다. 우리가 알듯이, 한 아이의 출생순서, 성격, 독특한 기질 때문에 그 아이는 삶에 특정한 방식으로 반응하게 됩니다. 그래서 자녀에게 어떤 역할을 강제로 떠맡겨서는 안 됩니다. 우리가 추구해야 할 것은 균형감각과 유연하게 대처하며 여러 가지 역할을 경험할 수 있는 능력입니다.

제가 말하는 역할들이 무엇인지 예를 들어 설명하기 위해 제가 가져온 녹음기의 내용을 들려드리겠습니다. 오늘 저녁에 여러분과 제가 했던 것처럼, 이 녹음기에 담긴 사람들이 부모로서 자기 자녀에 대해 설명하는 것을 듣게 될 것입니다. 좀 들어보시겠습니까?"

그 자리에 모인 부모들은 뜨거운 관심을 보였고, 프랭크는 녹음기의 시작 버튼을 눌렀다.

행동가 제이슨

녹음기에서 흘러나오는 첫 번째 음성의 주인공은 한 여자였다. "우리 아들 제이슨은 겨우 열 살이지만, 책임감의 수준은 믿을 수 없을 정도예요. 만일 우리에게 제이슨이 없었다면 어떻게 되었을지 궁금해요. 남편이나 제가 집안의 작은 일 하나를 소홀히 하면 제이슨이 반드시 그것을 찾아내서 우리에게 알려줘요. 가끔씩 제이슨은 동생들에게 작은 부모 같을 때가 있어요. 전 그것이 너무나 흐뭇하고, 제이슨도 우리를 위해 여러 가지 일을 하는 것에 보람을 느끼는 것 같아요. 가끔 제이슨은 자기가 할 수 있다고 생각하는 일에 저희 부부 중 누군가가 관여할 때 화를 내요. 아마도 제이슨은 전형적인 맏아들 같아요. 그 아이가 행복해서 저는 기뻐요. 어떤 부모는 자기들의 자녀도 제이슨 같았으면 좋겠다고 말하기도 한답니다."

프랭크는 녹음기를 정지시켰다. "제이슨의 역할은 행동가입니다. 어떤 식으로든 그의 부모는, 그의 가치와 용납됨이 그의 행동여하에 달려있다는 뜻을 그에게 전달한 것입니다. 이런 아이들은 과도하게 발달한 책임감을 가지고 있으며 그들이 해야 할 일을 잘 하지 못할 때 죄책감에 시달립니다. 그들은 자신들이 하는 모든 일에서 큰 만족을 얻지 못합니다. 그들은 어릴 때부터 피곤하거나, 이용당하거나, 공허하거나, 무시당한다고 느낍니다. 그것이 행동가가 가진 어두운 측면입니다. 어린아이가 행동가의 역할을 떠맡게 되면 성인이 되었을 때에도 그 역할을 계속할 것입니다. 성인 행동가는 자신의 존재감을 느끼기 위해 무엇인가를 생산해내야만 하는 '일 중독자'인 경우가 종종 있습니다. 행동가의 역할이 자기의 모습임을 발견하신 분이 있습니까?" 여러 명이 손을 들었다.

프랭크는 계속 말을 이었다. "역기능적 가정의 행동가는 성과 있는 행동을 할 때에만 보상과 인정을 받습니다. 우리는 모두 자녀가 책임감 있기를 바랍니다. 그러나 어떤 부모는 너무 지나쳐서 '장난감을 다 정리하기 전에는 널 안아주지 않을 거야'라고 하거나 '그것보다 더 잘 쓸지 못한다면, 넌 내 아들이 아니야!'라고 말하여 자녀에게 상처를 줍니다. 건강한 가정에서는 행동가 경향을 가진 아이가 가족을 위해 뭔가 생산적인 일을 하지 않아도 받아들여집니다. 그런 가정의 자녀는 일과 놀이에서 균형을 갖도록 격려받습니다."

윤활유 리즈

프랭크는 다시 녹음기를 틀었다. 또 다른 엄마의 목소리가 스피커에서 흘러나왔다. "제 딸 리즈는 열세 살이에요. 전 리즈를 우리 집의 '안정제'라고 불러요. 그 아이는 우리 가족 모두를 안정되게 해요. 어떤 사람들은 그 아이를 '화평케 하는 자'라고 부르기도 해요. 전 리즈가 집안에 다툼이 일어나는 것을 막기 위해 오빠가 한 일을 자기 탓으로 돌리는 걸 봤어요. 때로 저는 그 애가 그렇게 하지 않기를 바라기도 하지만, 인정할 수밖에 없는 사실은 제가 그 평화와 고요함을 좋아한다는 거예요. 가끔씩 리즈가 어떤 것에 대해 고집을 부릴 때도 있어서 전 그 아이를 귀여운 잔소리꾼이라고 불러요. 그러나 그럴 때마저도 그 아이는 다른 사람의 기분을 맞춰가며 행동해요."

프랭크는 녹음기를 껐다. "리즈 같은 아이들은 윤활유의 역할을 맡기가 쉽습니다. 그들은 가족에게 필요한 정신적 자양분을 공급할 책임이 자신에게 있다고 느낍니다. 그들은 모든 사람을 하나 되게 하며 표면에 일어난 파문을 없애 잔잔하게 합니다. 어떤 식으로든 그들의 부모는 '네가 다투거나 싸우면 하나님이 벌주실 거야'라거나 '너희가 사이좋게 지내지 않으면 너희 때문에 아빠와 엄마가 이혼하게 될 거야'라는 생각을 아이들에게 전달한 것입니다.

윤활유 역할자들은 버림받을지 모른다는 두려움 속에서 살아갑니다. 성인이 되었을 때 그들은 다른 가족 구성원들이 자립하지 못할까 봐 두려워하면서 그들의 생존을 도와야 한다는 의무감에 사로잡힙니다."

프랭크로부터 몇 자리 건너에 앉아있던 한 젊은 엄마가 사람들에게 들릴 정도로 한숨을 쉬었다. "당신이 지금 설명하신 것은 바로 저예요. 윤활유와 같은 행동과 반응이 가정 안에서 발생하는 문제를 실제로 막을 수 있나요? 때로 저는 다른 가족의 잘못을 저의 탓으로 돌리지만, 그들은 문젯거리를 계속 만들 뿐이었어요."

"그것은 좋은 질문이자 설명입니다. 윤활유 역할자들은 문제를 해결하고 평화를 유지하기 위해 노력하지만, 종종 그것은 다른 가족들의 공격적이고 해로운 행동을 지속시킬 뿐입니다." 프랭크가 대답했다.

고독한 지미

그 다음으로 한 아버지가 말했다. "가끔씩 저는 농담으로 제 아들에 대해 '보이지 않는 아이'라고 말해요. 지미는 집안에서 그림자처럼 조용히 움직여요. 심지어 손님이 있을 때도 말이에요. 저는 지미가 혼자 있는 걸 더 좋아한다고 생각해요. 아마도 내향적인 것이겠죠. 우리와 함께 앉아있을 때에도 말을 많이 하지 않아요. 그래도 제가 분명히 말할 수 있는 것은 지미가 착하고 온순하다는 거예요. 전 아이가 화를 내는 걸 한 번도 보지 못했어요. 그의 형과 비교하면, 그건 참 다행이죠. 지미는 그저 꾸준하고 묵묵히 걷는 유형이에요. 학교나 교회에서 크게 주목받지 못해도 별로 상관하지 않는 것 같아요. 몇 가지 취미가 있긴 하지만, 혼자서 열중하는 걸 더 좋아하는 것 같아요."

프랭크가 녹음기를 멈추고 말했다. "지미와 같이 보이지 않는 아이는 '고독자' 또는 '잃어버린 아이'라고 할 수 있습니다. 지미는 행실이 바르고 아버지에게 고분고분한 것처럼 보일 수 있습니다. 누가 온순한 아이들을 좋아하지 않겠습니까? 그런 아이들은 우리를 평화롭고 고요하게 해줍니다!" 몇몇 부모가 미소를 지으며 고개를 끄덕였다. "그러나 지미가 외로운 아이가 된 것은 그의 부모가 어떤 식으로든 그가 그리 중요하지 않다는 뜻을 시사했기 때문입니다. 십중팔구 그가 어렸을 때 자기 의견을 말하면 조용히 하도록 제지받았고, 소란을 피우며 성가시게 굴면 바깥으로 쫓겨났을 것입니다. 그의 부모는 지미가 곁에 없을 때 더 행복한 것처럼 보였기 때문에 지미는 고독자의 역할을 택한 것입니다. 지미와 같은 사람들은 거절감 속에서 살아가는 무감각하고 외로운 성인으로 성장합니다."

스타 존

프랭크는 다시 시작 버튼을 눌렀다. "저는 존이 너무나도 자랑스러워요. 그 아이는 우리 집안의 인재예요. 너무나도 많은 영역에 재능이 있고 거의 모든 걸 잘하지요. 그 아이가 그렇게 뛰어나기 때문에 우리는 여러 명의 훌륭한 사람들과 친분을 쌓게 되었어요. 존이 성취한 모든 일 덕분에 우리의 삶은 많이 바뀌었어요. 그 아이는 성공에 보람을 느끼고 아주 높은 기준을 가지고 있어요. 물론 조금 완벽주의적 경향이 있긴 하지만 말이에요. 가끔씩 여동생들은 그 아이의 비판적

기질 때문에 힘들어하지만, 전 동생들도 존에게서 뭔가를 달성한다는 것에 대해 많이 배울 수 있을 거라고 생각해요."

프랭크는 정지 버튼을 눌렀다. "모든 부모는 자녀가 스타나 영웅이 되기를 바라고, 그들이 최선을 다해 재능을 발휘하도록 격려합니다. 그러나 존의 부모처럼, 우리 중의 어떤 부모는 성공을 강하게 의식한 나머지 자녀를 너무 밀어붙입니다. 그런 아이들은 스타의 역할을 떠맡는 과정에서 아동기를 상실합니다. 그들의 부모는 자녀에게 '그냥 단체에 소속되는 것으로는 충분하지 않아. 네가 선두에 서고 그 안에서 스타가 되어야 해'라거나 '무용 수업에 돈이 많이 드니까 넌 발표회 때마다 주역을 따내야 돼'라는 말을 계속하며 그런 생각을 주입시킵니다. 스타로 키워진 아이들은 좋은 결과를 이루는 데 주력하느라, 재미있는 것을 하거나 아무것도 하지 않으며 쉬는 시간을 거의 갖지 못합니다.

아이들은 스타가 되지 않아도 상관없습니다. 항상 어린아이의 모습 그대로, 언어적으로나 비언어적으로 부모가 인정해주는 것이 중요합니다. 부모의 압력에 의해 스타의 자리에 들어서게 된 아이는 종종 탈진하고 모든 것을 포기해버려 성인이 되어서는 비참한 실패를 겪게 됩니다."

개그맨 에이미

"당신도 우리 딸 에이미를 좋아할 거예요." 녹음기에서 다음 엄마가 말했다. "제 딸은 항상 흥겨운 삶을 살아요. 에이미는 너무나 인기가 많고, 사람들은 모두 그 아이가 옆에 있는 걸 좋아해요. 그 아이는 정말 재롱둥이에요. 에이미와 함께 있으면 우리는 즐겁고 또 그 아이가 우리를 웃게 만들어요. 항상 농담을 하며 흥겹게 떠들지요. 심지어 어떤 문제가 있을 때에도 말이에요. 에이미는 삶을 어떻게 즐기고, 또 다른 사람들이 삶을 즐기도록 어떻게 도울지 분명히 알고 있어요. 에이미는 다른 사람들을 도우려고 하는 아이에요."

프랭크가 녹음기를 정지시키자 한 부모가 "에이미처럼 낙천적인 아이가 뭐가 나쁘죠?"라고 질문했다.

프랭크가 대답했다. "나쁘지 않습니다. 그렇지만 에이미 같은 농담 대장이 문제나 비극에 직면했을 때에도 진지해지는 것에 어려움을 느낀다면, 그 아이는 연극을 하듯이 어떤 역할을 떠맡고 있는 것입니다. 에이미는 부모에게서 자신의 문제와 고통은 무시되거나 회피되거나 대충 넘겨져야 한다는 메시지를 받은 것입니다. 늘 흥겨운 삶은 고통과 소외를 은폐하기 위한 거대한 가면인 경우가 있습니다. 그런 경우 우리는 내면에 무슨 일이 일어나고 있는지 사람들에게 알리지 않습니다. 불행하게도, 어떤 부모는 자녀의 이런 행동을 강화시키며 자녀가 진지해지는 것을 허락하지 않습니다. 그러한 아이들은 자신이 주목받을 수 있는 유일한 방법은 농담 대장이 되는 것임을 배웁니다.

지금 여기 계신 분들 중에 남들이 자신을 좀더 진지하게 여겨주고 당신의 상처를 들어주기를 바라는 분이 계십니까?"

몇몇 사람이 손을 들자 그들 옆에 앉아있던 사람들은 놀라는 눈치였다. 아마도 그들은 손을 든 사람들이 그저 행복하고 유쾌하며 세상사에 깊은 관심을 갖지 않을 것이라고 생각했던 것 같았다.

성자 에릭

"한 가지 예를 더 들어도 되겠습니까?" 프랭크가 질문했다. 모임의 사람들은 고개를 끄덕였다.

한 아버지의 목소리가 스피커를 통해 흘러나왔다. "전 우리 아들 에릭이 커서 목사님이 될지도 모른다고 생각해요. 너무 착하거든요. 에릭에 대한 우리의 기대는 매우 큽니다. 정말 책임감 있고 순종적이에요. 게다가 문제를 일으킨 적이 단 한 번도 없어요. 교회의 학생부 활동에도 매우 적극적이고, 우리에게도 교회 활동에 성실하라고 말합니다. 저는 가끔씩 에릭이 우리 집의 양심인 것처럼 느껴져요. 우습지 않습니까? 우리가 마땅히 해야 할 일을 어린아이가 각성시켜 주니까요. 그 아이는 우리를 이끌어주는 것 같아요. 전 우리 아이들 중 하나가 이렇다는 것을 좋게 생각해요."

"우리는 모두 아이들이 착하기를 바랄 것입니다"라고 말하며 프랭크는 녹음기를 껐다. "그러나 때로 우리가 아이들의 행동에 대해 비현실적인 기대를 고수하기 때문에, 아이들은 가족 중에서 성자의 역할을 선택함으로써 우리를 기쁘게 하려 합니다. 이런 역할을 하는 아이들의 삶에는 심하게 억압되고 억제된 영역이 있는 경우가 종종 있습니다. 그런 아이들은 실패를 두려워하여 새로운 것을 시도하기를 거부합니다." 많은 사람이 동의하며 고개를 끄덕였다.

아빠의 작은 공주님, 엄마의 작은 왕자님

"부모들이 자녀에게 사용하는 두 가지 애칭이 있는데, 그러한 말은 아이들에게 어떤 인위적 역할을 떠맡길 수 있습니다." 프랭크는 말을 이었다. "어떤 아이가 '아빠의 작은 공주님'이나 '엄마의 작은 왕자님'으로 불리는 것을 들어보셨습니까?" 모임에 있던 사람들이 대부분 고개를 끄덕였다. "이 애칭들은 순수한 뜻으로 재미를 위해 사용되는 경우가 많지만, 어떤 가정에서는 그것이 해롭기도 합니다. 왜냐하면 그것은 미묘한 형태의 언어 학대이기 때문입니다. 예를 들어, 어떤 아버지는 아내의 대역으로 딸을 작은 공주님의 역할에 밀어 넣습니다. 그는 자신의 정서적 욕구를 아내에게서 채움 받기를 두려워한 나머지, 딸을 공주님의 자리로 승격시켜서 자신의 정서적 만족을 얻는 데 이용하려 할 수도 있습니다. 처음에는 그것 때문에 딸이 자신을 특별한 존재로 느낄 수도 있지만, 자칫 자신에게 부과된 성인으로서의 요구 때문에 아동기를 잃어버리는 경우도 있습니다.

실상이 그러함에도 불구하고 딸은 주목받는 것을 즐기고 그것을 요구할 수도 있습니다."

역할의 좋은 면과 나쁜 면

참석자 중의 한 명이 모임을 마칠 때가 된 것 같다는 의견을 냈다. 마브 존스톤이 거기에 동의한 후 말했다. "오늘은 정말 좋은 모임이었습니다. 그리고 프랭크, 당신이 배운 것을 우리에게 나누어주셔서 고맙습니다. 우리 중 어떤 사람은 자신이 아동기에 언어적 학대를 받은 희생자였다는 것과, 자기도 모르는 사이에 자녀를 학대했을 수 있다는 것을 처음으로 인식하게 되었습니다. 그러나 우리가 들은 것을 실제적으로 어떻게 실천해야 할지 모른 채 떠나버린다면 곤란할 것 같습니다. 우리를 위한 좋은 소식이 있을까요, 프랭크?"

프랭크는 미소를 지으며 고개를 끄덕였다. "제가 말씀드린 것이 여러분 자신과 자녀에 대한 염려를 불러일으켰을 것이라고 생각됩니다. 또한 여러분 중 많은 분이 이런 역할들에서 자신의 모습을 발견했을 것입니다. 어떤 분은 지금도 여전히 이런 역할들을 하고 계십니다. 아마도 여러분은 변화되기를 바랄 것입니다. 좋은 소식은 여러분이 변화될 수 있다는 것입니다!

여러분은 자녀가 올바른 정체성을 가진 어른으로 성장하기를 바랄 것이며, 자녀가 생존을 위해 어떤 인위적 역할을 떠맡기를 원치 않을 것입니다. 또 다른 좋은 소식은 여러분의 자녀에게 부정적인 성향이 나타나는 것을 보았을 때, 그들이 조정되고 삶에 균형을 얻도록 여러분이 도울 수 있다는 것입니다. 우리의 자녀가 순기능적 성인이 되도록 도울 수 있는 가장 의미 있는 방법은 그들과 긍정적인 방식으로 의사소통 하기를 배우는 것입니다. 그것은 방대한 주제이지만, 일단 우리는 다시 만나서 몇 가지 개념들을 나눌 것입니다. 제가 제안하는 것은, 여러분이 그동안 시간을 좀 내어 가정의 건강한 분위기와 자녀와의 긍정적인 의사소통을 돕는 특성들이 무엇인지 파악해보라는 것입니다."

존스톤 씨의 집을 떠나기 전에 그 그룹은 일주일 안에 후속 모임을 가져 자녀와의 의사소통을 개선할 실제적인 전략을 토의하기로 계획했다.

당신이 이 모임에 참석했다고 상상해보라. 당신은 프랭크가 한 말에 대해 어떤 생각을 했겠는가? 언어적 학대에 대한 그의 설명을 듣고 어떤 감정이 일어났겠는가? 당신의 원가정이나 현재의 가정에서 프랭크의 설명과 일치되는 가족을 찾을 수 있는가? 건강한 가정의 특성을 파악하라는 프랭크의 과제에 어떻게 답하겠는가? 이번 장의 '행복한 부모 되기 스터디 가이드'에서 당신은 그러한 역할들이 당신의 원가정과 현재의 가정에 존재하는지를 평가하고 토론할 것이다.

건강한 가정에는 건강한 의사소통이 필수적이다

한 아이의 성장은 삶의 여러 가지 요인에 영향을 받는다. 아이는 출생순서, 다른 가족 구성원들과의 상호작용, 생물학적 장점이나 약점,

그 외 기타 등등의 산물이다. 그러나 부모의 언어적, 비언어적 의사소통을 포함한 가정의 분위기 역시 아이의 정체성과 행동형성에 매우 중요한 역할을 한다.

아이의 정서적 생활은 산모의 임신 6개월부터 실제적으로 시작된다. 토마스 버니 박사Dr. Thomas Verny는 그의 저서「태어나지 않은 어린이의 비밀스러운 삶」The Secret Life of the Unborn Child에서 태아의 예민한 감수성에 대한 오늘날의 자료들을 요약하여 보여준다.

첫째로, 태아는 듣고, 경험하고, 맛을 느낄 수 있으며, 심지어 자궁 안에서 매우 간단한 수준으로 학습할 수도 있다.

둘째로, 태아가 느끼고 감지하는 것에서부터 태아의 태도와 태아 자신에 대한 기대가 형성되기 시작한다. 태아의 태도는 어머니에게서 받는 메시지로부터 영향을 받는다.

셋째로, 태아의 정서적 발달에 있어서 가장 중요한 것은 어머니의 태도다. 산모가 된 것에 대해 만성적인 염려와 동요를 갖는 어머니는 태어나지 않은 아이의 인격에 정서적 흉터를 남긴다. 한편 산모의 기쁨, 자부심, 기대는 아이의 정서적 발달에 지대하게 공헌할 수 있다.

넷째로, 이 과정에서 아버지를 빠뜨릴 수 없다. 아버지가 아내와 태어나지 않은 아이에 대해 갖는 감정은 유산하지 않고 임신이 유지되는 데에 매우 중요하다.[1]

일단 태어난 아이는 정서적 건강 및 발달에 있어서 부모에게 절대적으로 의존적이다. 건강하고 순기능적인 가정의 특성을 잠시 동안 고찰해보자. 다음의 각 요소를 살펴보며 긍정적이고 북돋아 주는 의사소통이 얼마나 필수적인지 생각해보자.

- 가정의 분위기가 긍정적이고, 기본적으로 비판적이지 않다.
- 가족의 각 구성원이 가치 있게 여겨지고, 있는 모습 그대로 받아들여진다. 개인의 특성이 존중된다.
- 각 사람이 자기에게 적합한 역할 내에서 활동하는 것이 허용된다. 어린아이는 어린아이로 성인은 성인으로 인정받는다.
- 가족들이 서로 돌보며 관심과 인정을 말로 표현한다.
- 의사소통 과정이 건강하고, 공개적이고, 솔직하며 직접적이다. 이중 메시지가 없다.
- 자녀가 완전히 성숙하고 자신의 정당한 권리를 가진 개인이 되도록 양육된다. 자녀가 엄마와 아빠에게서 건강한 방식으로 분리된다.
- 가족이 함께 모이는 것을 즐긴다. 의무감으로 모이지 않는다.
- 가족이 함께 웃을 수 있고, 함께 삶을 즐긴다.
- 가족이 소망, 꿈, 두려움, 염려를 서로 함께 나누며 그것들은 언제나 받아들여진다. 가정 안에 건강한 친밀감이 존재한다.

당신이 양육된 가정은 어떠했는가? 이 특성들이 당신의 원가정의 모습을 설명해주는가? 다음의 '행복한 부모 되기 스터디 가이드'에 있는 두 번째 실습을 사용하여, 당신의 원가정과 현재의 가정에 이러한 특성들이 있는지를 평가하라. 만일 당신의 원가정의 평균점수가 7점 이상이면, 다행히도 당신은 순기능적 가정에서 양육된 것이다. 평균점수가 7점 미만이면, 당신은 역기능적 가정 출신인지도 모른다. 그렇다면 당신의 과거를 실제적인 방식으로 처리하는 데 도움이 될 몇 가지 좋은 책들이 있다. 당신이 여성이라면, 「항상 아빠의 어린 딸」Always Daddy's Girl, Regal Books을 추천한다. 리치 벌러Rich Buhler의 「고통과 가장」Pain and Pretending, Thomas Nelson Publishers도 유익한 책이다.

만일 당신의 현재 가정의 평균점수가 7점 미만이라면, 당신에게는 어느 정도의 궤도 수정이 필요한지도 모른다. 바로 그것이 이 책의 목적으로서, 긍정적이고 북돋아 주는 의사소통을 통해 정서적으로 건강하고 순기능적인 아이들로 자라도록 돕는 것이다. 그러나 구체적인 의사소통 전략들을 다루기 전에 우리는 부모로서 당신의 목표를 좀더 면밀히 살펴볼 것이다. 그리고 그것은 이어지는 다음 두 장의 초점이 될 것이다.

행복한 부모 되기 스터디 가이드

당신의 배우자, 신뢰하는 친구,
또는 당신이 속한 스터디 그룹과 함께 나누세요.

Q 이번 장에서 설명된 역할 중 어떤 것이 당신의 원가정에 분명히 나타났는가? 그중 어떤 것이 당신의 현재 가정에 분명히 나타나고 있는가? 만일 그렇다면 누가 그 역할들을 수행했거나 수행하고 있는가? 아래의 빈칸에 당신의 원가정의 형제들(당신 자신도 포함하라)과 현재 가정의 자녀 중 해당되는 사람의 이름을 적으라.

☑ 행동가는 누구였는가(누구인가)?

원가정 :

현재 가정 :

☑ 윤활유 역할자는 누구였는가(누구인가)?

원가정 :

현재 가정 :

☑ 고독자는 누구였는가(누구인가)?

원가정 :

현재 가정 :

☑ 스타는 누구였는가(누구인가)?

원가정 :

현재 가정 :

☑ 개그맨은 누구였는가(누구인가)?

    원가정 :

    현재 가정 :

☑ 성자는 누구였는가(누구인가)?

    원가정 :

    현재 가정 :

☑ 아빠의 작은 공주님, 엄마의 작은 왕자님은 누구였는가(누구인가)?

    원가정 :

    현재 가정 :

Q 0점(전혀 없음)부터 10점(항상 있음)까지 기준에서, 당신의 원가정과 현재 가정에 건강한 가정의 특성이 있는지 평가해보라.

☑ 가정의 분위기가 긍정적이다

	0	1	2	3	4	5	6	7	8	9	10
원가정	0	1	2	3	4	5	6	7	8	9	10
현재 가정	0	1	2	3	4	5	6	7	8	9	10

☑ 가족의 각 구성원을 가치 있게 여기고 있는 모습 그대로 받아들인다

	0	1	2	3	4	5	6	7	8	9	10
원가정	0	1	2	3	4	5	6	7	8	9	10
현재 가정	0	1	2	3	4	5	6	7	8	9	10

☑ 각 사람이 자신에게 적합한 역할 내에서 활동하는 것이 허용된다

	0	1	2	3	4	5	6	7	8	9	10
원가정	0	1	2	3	4	5	6	7	8	9	10
현재 가정	0	1	2	3	4	5	6	7	8	9	10

☑ 가족 구성원이 서로 돌보며 관심과 인정을 말로 표현한다

원가정　　0　1　2　3　4　5　6　7　8　9　10
현재 가정　0　1　2　3　4　5　6　7　8　9　10

☑ 자녀가 완전히 성숙하고 자신의 정당한 권리를 가진 개인이 되도록 양육된다

원가정　　0　1　2　3　4　5　6　7　8　9　10
현재 가정　0　1　2　3　4　5　6　7　8　9　10

☑ 가족이 함께 모이는 것을 즐긴다

원가정　　0　1　2　3　4　5　6　7　8　9　10
현재 가정　0　1　2　3　4　5　6　7　8　9　10

☑ 가족이 함께 웃을 수 있고, 함께 삶을 즐긴다

원가정　　0　1　2　3　4　5　6　7　8　9　10
현재 가정　0　1　2　3　4　5　6　7　8　9　10

☑ 가족이 소망, 두려움, 염려를 서로 나누며 그것은 언제나 받아들여진다

원가정　　0　1　2　3　4　5　6　7　8　9　10
현재 가정　0　1　2　3　4　5　6　7　8　9　10

📖 note

1) John Bradshaw, Bradshaw on the Family(Deerfield Beach, FL : Health Communications, Inc., 1988), adapted from the author's summary on pp. 26,27.

당신은 왜 부모가 되었는가?

세 부부가 조용하고 넓은 음식점의 창가 테이블에 둘러앉았다. 매달 그들은 여기에 모여서 함께 편안한 식사를 즐겼다. 만일 아이들이 그들과 함께 왔다면, 다른 건 몰라도 식사가 조용하지는 않았을 것이다.

그러던 중 식사 중간에 밥이 던진 질문 때문에 대화의 분위기가 바뀌었다. "오늘 타임즈의 기사에서 43세의 여성이 임신했다는 얘기를 읽은 사람 있어?"

"그게 뭐 그리 별난 일이야? 점점 더 많은 여성이 늦게 아기를 갖고 있잖아"라고 짐이 대꾸했다.

밥이 말했다. "특이한 것은 그 여성의 나이가 아니야. 문제는 그 여성이 아기를 갖는 이유지. 기사에 따르면 그 여성이 임신한 것은 아기가 첫째 딸의 조혈모세포 기증자가 되기를 원했기 때문이야. 그 여성의 열일곱 살 난 딸이 백혈병에 걸렸는데 적합한 기증자를 아무 데서도 찾을 수가 없었대. 그런데 새로 태어날 아기의 골수가 그 딸과 적합할 확률이 상당히 크다는 거야. 그 여성이 아기를 갖는 이유에 대해서 어떻게 생각해? 그것이 윤리적일까? 그것이 아기를 갖는, 그것도 중년에 아기를 갖는 것에 대한 바람직한 이유가 될까? 모두 어떻게 생각해?"

밥은 테이블 주위에 앉은 사람들의 얼굴을 유심히 살펴보았다. 잠시 동안 무거운 침묵이 흐르는 가운데 사람들은 전에 한 번도 생각해 본 적이 없는 쟁점에 대해 심사숙고했다.

마침내 메리가 침묵을 깨고 말했다. "그런 이유로 아이를 이 세상에 태어나게 한다는 게 믿어지지 않아. 그건 옳지 않은 것 같아."

그러자 테드가 말했다. "글쎄, 잘 모르겠지만 난 그들의 동기가 그리 문제가 된다고 생각하지 않아. 그리고 난 그 아기가 기증자가 되든 안 되든 그들이 아기를 사랑할 거라고 믿어."

그때 쑤우가 대화에 끼어들었다. "나도 메리와 같은 의견이야. 그건 아기를 갖는 좋은 이유가 못 돼."

다시 테드가 말했다. "그건 그렇게 나쁘지 않아. 몇 년 전까지만 해도 농촌에 사는 부부들은 밭 갈고, 씨 뿌리고, 수확하는 데 일손이 필요하기 때문에 자녀를 많이 낳았어. 그거랑 뭐가 달라? 나는 왜 우리가 자녀를 가졌는지 의견을 들어보고 싶어. 밥, 쑤우, 당신들은 왜 부모가 되었어? 프랭크, 메리, 당신들의 경우는 어때? 베씨, 우리가 자녀를 가진 이유는 뭐지? 우리가 이런 질문을 받아본 적이 있었나?"

테드는 잠시 말을 멈추고 한 사람 한 사람의 얼굴을 응시했다. 그러자 다섯 명의 친구들은 각각 다른 대답을 했다.

"우리는 결혼한 지 6년이 되어 때가 되었다고 생각했어."

"다른 사람들이 모두 아기를 가지니까 우리도 갖기로 결정했지."

"우린 자녀가 우리의 결혼 생활에 도움이 될 거라고 생각했어. 게다가 우리가 부모님에게서 얼마나 압력을 받았는지 당신들은 모를 거야."

"난 아이들을 사랑하기 때문에 더 지체할 수가 없었어."

"나는, 아니 우리는 그것이 하나님의 뜻이고 하나님의 때가 되었다고 느꼈어."

우리에게는 나름대로의 이유가 있다

테드의 질문에 다섯 가지의 흥미로운 대답이 돌아왔다. 당신이라면 그의 질문에 어떻게 대답하겠는가? 당신은 왜 부모가 되었는가? 당신이 자녀를 갖기 원한 이유는 무엇이었는가?

「부모 테스트」The Parent Test의 저자는 부모가 되는 것에 대해 네 가지 범주의 동기를 제시한다. 그것은 자아, 보상, 순응, 애정이다.

자아

어떤 개인이나 부부는 자녀를 갖고 부모가 되는 것에서 무엇인가를 얻기를 바라기 때문에 부모가 된다. 자녀를 갖기 원하는 이유 중 자기중심적인 것들의 예는 다음과 같다.

- 나를 닮은 아이를 갖기 위해
- 나의 우수한 특성을 이어받을 아이를 갖기 위해
- 성공적인 삶을 살 아이를 갖기 위해
- 내가 뭔가 잘할 수 있음을 증명하기 위해
- 내 성을 이어받을 아이를 갖기 위해
- 가문의 돈이나 재산을 상속할 사람이 있도록 하기 위해
- 나를 가장 위대하게 여길 누군가가 있도록 하기 위해
- 창조의 자부심을 느끼기 위해
- 내 마음을 젊게 하기 위해
- 성취감을 느끼기 위해

보상

어떤 부부는 자녀가 그들의 삶이나 결혼생활의 공허감을 보상해줄 것이라고 느낀다. 보상을 위해 부모가 되는 동기에는 다음과 같은 예들이 있다.

- 배우자와 더 행복한 결혼생활을 하기 위해
- 불행했던 가정 배경을 보상받기 위해
- 직장에서의 불만족을 보상받기 위해
- 사회적 고립과 친구가 없음을 보상받기 위해
- 자신이 남성답고 여성답다는 것을 더 확실히 느끼기 위해

보상적 동기는 부모나 자녀 모두에게 매우 위험스럽다. 많은 부부가 자녀를 갖는 것이 자신들의 문제해결에 도움이 될 것이라고 생각한다. 어떤 부부는 결혼생활의 위기를 극복하기 위해 자녀를 원한다. 이것은 어떤 사람이 소유하지 않은 기능을 그에게 요구하는 것처럼 무모하다. 오히려 아기의 존재는 부부가 자신들의 문제를 분석하고 수정하는 데에 집중하지 못하도록 정신을 분산시킬 수 있기 때문이다.

결혼생활의 위기를 극복하기 위해 아기를 갖는 것은 문제를 더 악화시킬 뿐이다! 그밖에 다른 문제를 해결하기 위해서 아기를 갖는 것도 마찬가지다.

순응

어떤 부부는 당연히 해야 하는 일이라고 생각하기 때문에 자녀를 낳아 가족을 형성한다. 순응의 동기에는 다음과 같은 것들이 포함된다.

- 대부분의 다른 사람들처럼 되기 위해
- 부모님을 기쁘게 해드리기 위해
- 사회적 비판을 받지 않기 위해

보상적 동기처럼 위험하지는 않지만, 순응의 동기 역시 부모가 되는 동기로서는 적당하지 않다. 일차적 욕구가 자녀를 위한 것이 아니라, 다른 사람을 위한 것이기 때문이다.

애정

어떤 부부는 자신들의 사랑과 애정을 자신들이 함께 창조한 생명에게 쏟아부을 준비가 되어 있기 때문에 부모가 된다. 부모가 되는 애정적 동기에는 다음과 같은 것들이 포함된다.

- 누군가를 행복하게 해줄 진정한 기회를 갖기 위해
- 누군가에게 인생의 아름다운 모든 것을 가르쳐주기 위해
- 나 자신을 다른 누군가에게 주는 만족감을 누리기 위해
- 누군가가 성장하고 발전하는 것을 돕기 위해

이러한 것들이야말로 부모가 되고자 하는 이유의 좋은 예다.[1]
이 네 가지 범주 가운데 당신에게 해당되는 것은 무엇인가? 당신의 부모 됨의 동기는 건강한가, 그렇지 않은가?

당신이 부모가 되려고 한 동기가 무엇이었든, 지금 당신이 부모라는 사실에는 변함이 없다. 당신의 동기가 좋았든 나빴든, 과거로 돌아가 그 동기들을 변화시킬 수는 없다. 그러나 당신의 현재와 미래의 부모역할을 변화시킬 기회는 분명히 있다. 당신의 초점은 "내가 왜 과거에 더 나은 동기를 갖지 못했는가?"에서 "어떻게 하면 더 훌륭하고, 자녀를 더 북돋아 주고, 대화를 잘 나누는 부모가 될 수 있을까?"로 옮겨져야 한다.

우리는 모두 좋은 부모에 대한 나름대로의 이미지를 가지고 있으며, 그러한 이미지를 이루는 데 도움이 되는 특성에 대해서도 각자 의견을 가지고 있다. 우리는 부모가 행동하거나 말해야 할 것, 하지 말아야 할 것에 대한 생각도 가지고 있다. 그러나 대부분 그러한 이미지는 고도로 이상주의적이다. 그러한 이미지는, 부모는 모든 것을 알고, 모든 것을 돌보고, 모든 것을 사랑해야 하는 것으로 인식한다. 그것은 이상주의적일 뿐 아니라, 비현실적이다!

우리는 어떻게 이런 높은 수준의 이미지를 갖게 되었는가? 우리의 부모님, 교회, 대중매체 등이 부모역할에 대한 우리의 기대치가 과장되는 데 기여했다. 때로 이러한 이상주의적이고 비현실적인 기대치는 우리에게 압박감을 주고 그것은 좌절로 이어진다.

한 어머니는 이렇게 말했다. "제가 저 자신의 기대치를 충족시킬 수 없다는 것을 알게 되었을 때, 저는 엄마가 될 자격이 없다고 느꼈어요. 전 패배를 자인하며 백기를 드는 심정이었어요. 그러나 그 다음 순간 아이들을 되돌려보낼 수는 없다는 것을 깨닫게 되었죠. 옴 짝달싹할 수 없이 아이들에게 붙잡힌 거예요. 그래요, 저는 꼼짝없이 붙잡혔다고 느꼈어요."

우리가 해야 할 것으로 기대되는 것과 우리가 하기를 갈망하는 것 사이에는 큰 차이가 있다. 기대치expectation는 곧 의무이며, 그것을 달성하지 못할 때는 좌절하고 의기소침해져서 그것에 '꼼짝없이 붙잡혔다고' 느낀다. 그러나 갈망desire은 우리가 목표로 삼아 도전하는 긍정적이고 기분 좋은 것이다.

비현실적인 기대에 사로잡히지 않도록, 부모역할의 일반적인 목표와 부차적인 목표에 대해 이야기해보자. 그 목표들은 긍정적이고 북돋아 주는 의사소통을 하는, 좋은 부모가 되고 싶은 당신의 갈망을 충족시키는 데 도움을 줄 것이다.

부모역할의 목표

잠시 동안 당신 삶의 구체적인 한 가지 영역에 대해 생각해보자. 그것은 바로 '부모역할'이다. 당신은 어머니나 아버지로서의 자신에 대해 어떻게 느끼는가? 만일 당신이 다른 부모와 같다면 여러 가지가 혼합된 감정을 느낄 것이다. 오랜 시간 동안 당신은 부모가 되기를 기대했지만, 때로는 탈출하고 싶었고, 자녀에게 시베리아행 표를 사줘서 멀리 보내버리고 싶을 때도 있었을 것이다. 부모가 된다는 것은 여러 가지 요구사항이 많은 일이지만, 우리 중에 부모로서 완전하게 준비된 사람은 아무도 없다. 부모인 당신이 자신에 대해 갖는 생각, 태도, 감정 등은 자녀에 대한 당신의 반응에 영향을 미친다.

당신이 내 상담실에 앉아 있다고 잠시 상상해보자. 당신은 배우자와 함께 앉아 있거나, 만일 당신이 편부모라면 혼자 앉아 있을 것이다. 내가 도입 설명을 한 후 질문을 던진다고 하자. "당신의 자녀와 함께 무엇을 성취하려고 노력하십니까? 자녀가 가정이라는 둥지를 떠나 날개를 펼 시기가 되었을 때, 당신의 자녀양육에서 무엇이 성취되어 있기를 바라십니까? 30초 후에 대답해주시기 바랍니다."

당신이 보이는 반응은 다른 많은 부모처럼, "30초의 시간은 그 질문에 대답할 내용을 생각하기에 턱없이 부족합니다"라는 것일지 모른다. 나는 거기에 대해 놀라지 않을 수 없다. 그러한 목표의 존재 여부가 우리의 부모역할에 명백한 차이를 가져올 수 있음에도 불구하고, 어떻게 거기에 대해 단 한 번도 진지하게 생각해보지 않았단 말인가? 만일 당신에게 부모역할에 대한 전반적인 목표가 없다면, 어떻게 당신의 양육 방법을 결정할 수 있겠는가? 당신의 자녀를 인정하고 격려할 의사소통 방법을 개발하는 데 있어서 무엇이 당신의 길잡이가 되겠는가? 만약 당신에게 목표가 없다면, 당신의 자녀는 1장에서 설명된 것과 같은 작위적 역할을 떠맡을 위험성이 크다.

부모역할의 전반적인 목표를 제안하겠다. 부모인 우리의 목표는 우리의 자녀가 성숙하도록 힘을 더해주며 그들을 자유로이 놓아주어 우리로부터 독립하며 하나님을 의지하게 하는 것이다. 이 전반적인 목표와 더불어, 당신은 자녀의 인격에 대한 구체적인 청사진을 그려볼 필요가 있다. 그러한 이차적인 목표에 대해서는 3장에서 더 충분히 토의할 것이다.

자녀가 성숙하도록 힘을 더해주기

부모로서 우리가 할 일은 자녀가 성숙하도록 힘을 더해주는 것이다. 성숙이란 많은 의미를 내포할 수 있다. 나는 그것을 긍정적이고 건설적인 방법으로 다른 사람들의 유익에 기여하는 것이라고 정의하고 싶다. 아마도 이 정의는 데살로니가전서 5장 11절에 가장 잘 설명되어 있을 것이다. 그 말씀은 "피차 권면하고 덕을 세우라"고 우리를 교훈한다. 우리는 자녀가 성장하여 다른 사람들을 사랑하고 섬기며, 그들의 성장을 돕는 방법을 알게 되기를 바란다.

　아이들은 대부분 그러한 성숙한 사람의 특성을 혼자서 개발하지 못한다. 아이들은 부모의 지도를 통해 성숙할 수 있는 힘을 공급받아야 한다. 잭과 주디스 볼스위크 부부는 자녀에게 힘을 더해주는 개념을 매우 잘 설명했다.

힘을 더해주는 부모는 그들의 자녀가 능력 있고 유능한 사람이 되도록 도우며, 그 자녀는 다시 다른 사람들에게 힘을 더해준다. 힘을 더해주는 부모는 가르침, 지도, 돌봄, 본보이기 등 다양한 활동을 적극적이고 주도면밀하게 실행함으로써 자녀의 소양을 갖추어 주어, 자녀가 다른 사람들과 관계를 형성할 수 있는 자신감 있고 독립적인 사람이 되게 한다. 힘을 더해주는 부모는 자녀가 자신의 장점과 잠재성을 인식하고 그 특성들을 강화시킬 방법을 찾도록 돕는다.

부모가 자녀에게 힘을 더해준다는 것은, 학습하고 성장하며 하나님의 형상 및 하나님의 창조적 계획의 일부가 될 능력이 자녀에게 있음을 인정하는 것이다.[2]

자녀에게 힘을 더해주는 부모의 사랑은 자녀를 무능력하게 하기보다 유능하게 한다. 어떤 부모가 자녀에게 너무 집착하고 있다면, 보통 그것은 자녀의 욕구가 아닌 부모 자신의 욕구를 충족시키려 하기 때문이다. 자녀에게 지배적이고, 자녀를 무능력하게 하는 부모는 불쑥 끼어들어 "자, 내가 해줄게. 그건 너에게 너무 어려워" 등과 같은 '돕는' 발언을 한다. 심지어 어떤 부모는 자녀 대신 말해주거나 자녀가 하는 말의 끝부분을 가로채서 말하기도 한다. 그러나 그러한 반응은 자녀에게 장애가 되며, 종종 자녀로 하여금 "엄마와 아빠는 내가 이걸 혼자 할 수 있다고 생각하지 않아"라고 느끼게 한다. 진정한 부모의 사랑은 자녀의 합당함을 인정하며 자녀가 성숙할 수 있도록 힘을 더해준다. 그것은 마치 하나님이 그 사랑으로 그리스도 안에서 우리의 합당함을 인정하며 우리가 그리스도 안에서 성숙하도록 힘을 더해주시는 것과 같다.

어떻게 하면 우리는 자녀가 성숙하도록 힘을 더해줄 수 있을까? 우리가 사용해야 할 네 가지 방법이 있다. 그것은 알려주기, 가르치기, 참여하기, 위임하기다. 각 방법은 다른 연령대의 아이에게 해당되며, 각 방법에 필요한 부모의 의사소통 유형은 모두 다르다.

알려주기 스스로 많은 것을 할 수 없는 서너 살까지의 어린아이들에게는 명확한 지시와 세밀한 감독이 필요하다. 이것은 더 성장한 어린이나 성인에게 사용할 방법은 아니다. 왜냐하면 이 방법은 사람들로 하여금 당신을 의지하게 하고, 독립적인 사고를 하지 못하게 만들기 때문이다.

가르치기 이 방법은 미취학 어린이나 초등학교 저학년의 어린이에게 사용된다. 우리는 양방향, 즉 질의응답 의사소통 방식을 사용함으로써 어린이가 할 수 있는 어떤 것을 하도록 교육한다. 이 연령대의 어린이는 수많은 질문을 하며 스스로 답을 발견하도록 격려받는다.

참여하기 초등학교 고학년의 자녀를 둔 부모는 대개 코치의 역할을 한다. 직접적인 훈계보다는 본을 보이고 서로 대화를 주고받음으로써 무엇이 적절한 행동인지를 전달한다. 사춘기를 앞둔 자녀10-12세는 이런 유형의 양육에 잘 반응할 수 있다. 당신의 자녀가 스스로 결정하고 행동하도록 격려함에 따라 부모의 통제는 감소된다. 사춘기를 앞둔 자녀는 한 개인으로 행동하도록 격려받아야 하며, 시도하고 실수하며 배울 수 있는 자유가 있어야 한다. 그러면서도 부모인 당신은 계속 자녀와 함께하며 필요한 지원과 위로를 베풀어야 한다.

위임하기 위임은 당신의 자녀가 성숙하도록 능력을 부여하는 마지막 단계다. 이 방법은 스스로 책임을 지고 임무를 수행할 능력과 그렇게 하려는 자발적인 의지가 있는 성숙한 사춘기 직전 아동 및 청소년에게 사용된다. 이 단계에서 당신은 자녀에게 힘을 주며, 자녀도 당신에게 힘을 준다. 이제 당신은 자녀와 상호적으로 주고받는 단계에 이른 것이다. 당신은 자녀의 성장과정 내내 자녀에게 헌신해왔지만, 이제는 성숙해진 자녀가 당신에게 주기 시작한다. 수년간의 세월을 보내며 당신은 인정과 격려를 자녀에게 전달해왔는데, 이제는 자녀가 언어적, 비언어적으로 당신을 인정하고 격려해준다.

아마도 이 단계에서 자녀는 당신과 다른 방식으로 결정할 것이며, 그 결정의 결과도 당신과 다를 것이다. 그것은 그가 성숙하고 독립했다는 증거다.[3]

이 네 가지 방법은 순서대로 사용되어야 한다. 만일 부모가 성숙해가는 자녀의 욕구를 충족시킬 이 방법들을 적용하여 실행하지 않는다면 자녀의 성장은 제한될 것이고, 자녀는 의존적인 상태에 머무를 것이다.

자녀가 독립할 수 있도록 놓아주기

우리의 전반적 목표의 두 번째 국면은, 자녀가 우리를 의존하는 상태에서 반#독립상태로, 더 나아가 우리에게서 독립하고 하나님을 의존하는 상태로 움직이도록 돕는 것이다. 이 마지막 단계에 이르렀다는 것은 진정한 성숙이 이뤄졌다는 것을 의미한다.

30, 40대의 나이에도 아직 부모에게서 독립하지 못한 사람을 나는 숱하게 만나보았다. 한 여인은, "제 부모님은 이미 돌아가셨지만, 아직도 무덤에서 손을 뻗어 저를 지배하려고 하시는 것 같아요. 전 서른아홉 살이나 되었는데 말이에요! 왜 저는 독립적인 성인이 되지 못하는 걸까요?"라고 내게 탄식했다. 그런 경우에 슬픈 사실은 그들의 부모가 자녀가 독립하도록 자유롭게 놓아주지 않았다는 것이다. 부모로서 우리의 소명은 자녀가 날개를 펴고 스스로 날 수 있게 해주는 것이다.

자녀가 독립하도록 격려하는 부모의 예를 가장 극적으로 보여 주는 것은 독수리다. 아내와 나는 그 장엄한 새들이 남캘리포니아주의 산과 와이오밍 그랜드 텐튼 국립공원에서 창공으로 치솟아 오르는 것을 수없이 많이 보았다. 우리는 곡류천의 강가에 서서 독수리가 우아하게 강물로 곤두박질쳐 날카로운 발톱을 수면 밑으로 집어넣은 다음, 물고기를 낚아 다시 둥지로 날아가는 것을 지켜보곤 했다.

하지만 세상에 태어난 새끼 독수리는 장엄함이나 우아함과 거리가 멀다. 갓 부화된 새끼 독수리는 정말 못난이다! 목이 대부분을 차지하고 거기에 작은 머리와 몸뚱이가 붙어있을 뿐이다. 어미 독수리는 새끼에게 먹이를 너무 자주 줘서 나중에는 새끼의 목구멍에 먹이를 쑤셔넣을 지경까지 가는데, 그것은 새끼를 확실히 생존시키기 위한 방법이다. 새끼 독수리는 어미처럼 커질 때까지 그렇게 계속 먹고 자란다. 그러다 마침내 어린 새끼 독수리는 비행훈련 학교에 들어갈 준비가 되는데, 그 단계는 독수리의 독립과 생존을 위해 매우 주요하고 필수적이다.

일단 어미 독수리는 둥지로 들어와 새끼 독수리를 둥지 가장자리로 유인하고 밀어붙이기 시작한다. 새끼 독수리는 둥지에 발톱을 깊게 박고 힘껏 저항한다. 그러나 어미는 후퇴하지 않는다. 어미는 새끼를 계속 밀어서 마침내 높은 암벽 위에 있는 둥지에서 떨어뜨린다! 당신은 절벽에서 떨어져 내리는 자녀를 지켜본다는 것을 상상이나 할 수 있겠는가? 새끼 독수리는 훈련되지 않았지만, 추락에 대비할 신체구조가 갖추어져 있다. 새끼 독수리는 마침내 자기의 날개를 펴고 상승기류를 탄다. 그리고 자기의 날개를 어떻게 퍼덕이면 되는지, 어떻게 하면 하늘로 솟구쳐 오를 수 있는지를 재빨리 배운다. 곧 새끼 독수리는 자신의 먹이를 사냥하게 되고, 결국 둥지를 떠나 자신의 가정을 이루고 새끼를 낳는다.

새끼 독수리처럼, 우리의 자녀도 신체적으로나 정서적으로 우리의 통제에서 자유롭게 벗어나야 할 때가 온다. 하나님은 우리의 자녀가 독립적이고 자유롭게 되기를 원하신다. 하나님은 우리의 자녀가 독립성을 갖도록 놓아주는 일에 있어서 우리가 하나님께 협조하기를 원하신다. 그러나 때로는 그런 일이 잘 이뤄지지 않는다. 왜 그런가? 우리는 4장에서 그 몇 가지 이유에 대해 토의할 것이다.

몇 년 전, 자녀를 자유롭게 놓아주는 것이 무엇인지에 대해 깊이 생각하고 있었을 때, 크리스천 정신병리학자인 존 화이트John White 박사가 이 과정에 대해 설명한 글을 발견하게 되었다. 그의 글은 나의 부모역할을 이해하는 데 매우 유용했다. 아마도 그것은 당신에게도 도움이 될 것이다.

예전에 런던 커버넌트 가든의 상인들은 나이팅게일이라는 새를 새장에 넣어 팔았다. 상인들은 새를 사로잡아 뜨거운 바늘로 눈을 찔러 눈멀게 했다. 나이팅게일은 어두울 때 노래하기 때문에 새장에 갇힌 눈먼 새로부터 투명한 노랫소리가 거의 쉼 없이 흘러나왔다. 인간은 새들의 음악을 즐기려는 자신들의 욕구를 만족시키기 위해 새들을 사로잡아 눈멀게 했다. 뿐만 아니라 인간은 새들이 다시는 자유를 누리지 못하게 함으로 새들을 노예화했다. 아무도 그 새들을 다시 자유롭게 할 수 없었다.

우리의 자녀를 놓아준다는 것은 그들을 자유롭게 하는 것이다. 일찍 놓아줄수록 좋다. 만일 우리가 깊은 생각 없이 자녀를 우리의 즐거움을 위해 계획되고 만들어진 존재로 본다면, 우리는 커버넌트 가든의 상인들이 나이팅게일을 '자유롭지 못하게' 만든 것처럼, 자녀의 자유를 파괴하는 것이다. 또한 그것은 우리 자신도 불구로 만든다. 자녀를 우리의 행복에 필수적인 존재로 만들었기 때문에 우리는 자녀에게 너무 의존적이 되어 자녀 없이는 살아갈 수 없게 된다.

그렇다면 놓아준다는 것은 무엇인가? 그것은 부모의 의무를 다하기를 거부하는 것이 아니다. 자녀에게는 먹을 것, 보금자리, 의복, 사랑, 훈련 등이 필요하며 우리가 할 일은 그것을 자녀에게 주는 것이다. 또한 놓아준다는 것은 자녀에게 존경과 감사의 태도를 가르치지 않는 것도 아니다. 그들을 양육할 책임이 우리에게 있는 한, 우리는 그 의무를 완수하기 위해 필요하다면 무슨 일이든 할 수 있는 권위를 가져야 한다.

놓아줌이 무엇인지 이해하려면, 먼저 우리는 하나님이 어떤 분이시고 그분과 우리의 관계의 본질이 무엇인지 이해해야 한다. 하나님이 우리에게 보이신 모습대로, 우리는 자녀에게 (가능한 한 최대로) 그러해야 한다.

우리의 아버지로서 하나님의 태도는 사랑으로 돌보시고 교훈하실 뿐 아니라, 우리에게 순종을 강요하지 않으시는 것이다. 하나님은 우리를 축복하기를 갈망하시지만, 우리의 목구멍에 축복을 꾸역꾸역 밀어 넣지 않으신다. 우리의 죄와 반역은 하나님을 큰 슬픔에 빠지게 하고, 하나님은 그 슬픔 속에서 우리를 다시 하나님께로 이끌기 위해 많은 일을 하신다. 그러나 우리가 계속 행악을 고집한다면, 하나님은 우리가 쓰라린 경험을 통해 하나님께 순종하는 것이 좋았을 것임을 스스로 발견하게 하신다.

당신의 자녀를 놓아준다는 것은 그들을 버린다는 의미가 아니고, 그들에게서 우리의 손을 떼어 그들을 다시 하나님께 넘겨드리는 것이다. 그것은 그들에 대한 당신의 의무를 소홀히 하거나 그 의무를 완수하기 위해 필요한 권위를 포기한다는 의미가 아니다. 그것은 불필요한 두려움이나 이기적인 야망에서 솟아오르는 지배욕을 버린다는 의미다.[4]

부모가 자녀를 놓아주어 독립성을 갖게 하지 않고 과보호와 속박을 고집할 때, 두 가지 상반되면서도 부정적인 반응이 자녀에게 나타날 수 있다. 즉 부모에 대한 자녀의 부자연스러운 의존이 계속될 수도 있고, 독립성을 확립하기 위해 부모의 통제로부터 격렬하고 급진적으로 탈출하고 싶다는 자극을 받을 수도 있다. 불행하게도 종종 후자의 경우는 하나님을 비롯한 모든 사람의 지시와 권위로부터 총체적으로 이탈하는 결과를 낳는다. 가장 좋은 것은 부모의 축복을 받는 긍정적인 과정을 통해 부모에게서 자유롭게 독립하는 것이다.

이번 장에서는 부모역할과 의사전달의 전반적인 목표를 분명히 했고, 다음 장에서는 다양한 부모역할과 보다 구체적이고 이차적인 목표들을 다룰 것이다.

행복한 부모 되기 스터디 가이드

당신의 배우자, 신뢰하는 친구,
또는 당신이 속한 스터디 그룹과 함께 나누세요.

Q 왜 당신은 부모가 되었는가? 당신이 부모가 되는 데 영향을 미친 순서대로 다음의 네 가지 동기에 순위를 매기라. 당신의 배우자도 자신의 동기에 순위를 매기게 하라.

- ☑ 자아 : 나는 부모가 됨으로써 얻을 수 있는 것 때문에 부모가 되었다

    나의 등수 :

    배우자의 등수 :

- ☑ 보상 : 나는 삶에서 결여된 부분을 보상받기 위해 부모가 되었다

    나의 등수 :

    배우자의 등수 :

- ☑ 순응 : 나는 자녀를 낳는 일이 당연하다고 생각하기에 부모가 되었다

    나의 등수 :

    배우자의 등수 :

- ☑ 애정 : 나는 아기에게 사랑을 쏟아부을 준비가 되었기에 부모가 되었다

    나의 등수 :

    배우자의 등수 :

Q 당신은 알려주기, 가르치기, 참여하기, 위임하기를 통해 자녀의 성숙을 돕는 일에 얼마나 성공했다고 평가하는가? 또 당신의 배우자는 자신에 대해 어떻게 평가하는가? 탁월, 잘함, 보통, 잘못함 중 어느 것에 해당되며 그 이유는 무엇인가?

Q 당신은 자녀를 자유로이 놓아주어 독립성을 갖게 하는 일에 얼마나 성공했다고 평가하는가? 또 당신의 배우자는 자신에 대해 어떻게 평가하는가? 탁월, 잘함, 보통, 잘못함 중 어느 것에 해당되며 그 이유는 무엇인가?

note

1) Williams Granzing and Ellen Peck, The Parent Test(New York: G.P. Putnam's and Sons, 1978), adapted from p. 19.
2) Jack O. Balswick and Judith K. Balswick, The Family(Grand Rapids, MI: Baker Book House, 1979), pp. 22,23. Used by permission.
3) Ibid., adapted from pp. 105-107.
4) Taken from Parents in Pain by John White. ⓒ1979 by InterVarsity Christian Fellowship of the USA. Used by permission of InterVarsity Press, P.O. Box 1400, Downers Grove, IL 60515.

부모역할 및 인격형성의 목표

자녀양육 및 부모-자녀 의사소통의 전반적, 세부적 목표에 대해 말하기 위해서는, 우선 부모의 역할에 대해 이야기해야 한다. 이제부터 부모가 자녀를 양육할 때 흔히 수행하는 세 가지 역할에 대해 생각해보자.

   자녀양육의 세 가지 역할에는 탐험가형 부모, 농부형 부모, 건축가형 부모가 있다. 이 역할들에 대해 면밀히 조사하고, 그것들이 자녀가 성숙하도록 힘을 더해주며 독립성을 갖도록 자유로이 놓아준다는 전반적 목표에 도움이 되는지, 아니면 방해가 되는지 살펴보도록 하자.

   다음이 자녀양육의 세 가지 역할이다.

탐험가형 부모

탐험가들은 감춰진 것들과 미지의 것들을 발견하는 데 전념한다. 1800년대에 탐험가들은 미국 내 미지의 지역들에 위험을 무릅쓰고 과감히 들어가 그 땅의 특징과 가장 좋은 여행길을 발견했다. 그때 그들은 많은 위험에 직면했다. 그러나 그 땅을 최대한 유용하고 생산적으로 사용하기 위해서는 탐험가들이 위험을 감수하고 종횡무진해야 했다.

부모는 아주 실제적인 의미로 선구자적 탐험가다. 자녀를 적절하게 가르치고, 지도하고, 격려하고, 양육하려면 인내심을 가지고 자녀를 관찰하고 연구하여 자녀의 고유한 인성과 학습특성을 발견해야 한다. 당신이 자녀를 더 잘 알수록, 자녀가 의미 있는 삶을 살도록 준비시켜 주는 소양을 더 잘 갖추게 될 것이다.

탐험가형 부모의 의사소통에 있어서 열쇠가 되는 단어는 '질문'이다. 질문은 자녀의 생각과 감정을 탐구하고 자녀의 소망과 꿈을 이해하는 가장 직접적인 방법이다. 단, 자녀가 정직하게 대답할 여지를 갖도록 일반적인 질문을 던져야 하며 그런 질문이야말로 성공적인 질문이라고 할 수 있다. 만일 당신이 자녀의 생활을 꼬치꼬치 캐물으려 한다고 자녀가 느낀다면, 그들은 입을 다물어버릴 것이다. 뿐만 아니라 만일 당신이 그들의 대답에 비판적이거나 그들이 당신을 믿고 얘기한 비밀을 다 지켜주지 못한다면, 이후로 그들은 당신의 질문에 대답하지 않을 것이다.

탐험가형 부모는 자녀의 성숙과 독립성을 구현하는 데 좋은 위치에 있다. 탐험가형 부모의 질문 기술은 가르치기, 참여하기, 위임하기 등 역량부여 기법empowering techniques의 사용에 특히 유용하다. 더 나아가 위협적이지 않은 질문은 자녀에게 자신이 독립성을 가질 수 있다는 점을 생각하게 하고 직접 확인할 수 있게 하는 탁월한 도구가 된다.

농부형 부모

농부는 각 종류의 식물을 고유하게 여긴다. 그는 감자를 억지로 사과가 되게 하지 않는다. 마찬가지로 농부형 부모는 각 아이의 고유성을 인식하고 그들이 온전히 성숙하고 열매를 맺도록 양육한다.

농부는 좋은 수확물이 파트너십의 결과임을 안다. 농사를 짓는 데 있어서 파트너십은 매우 중요한 개념이다. 농부가 곡식들이 결실을 맺도록 전심전력하지 않으면 큰 수확이 없다는 것을 우리는 알고 있다. 그렇게 해야 하는 것은 농부의 책임이고, 농부의 모든 수고는 풍성한 수확으로 이어질 것이다. 그러나 만일 하나님이 그분의 역할을 하시지 않으면 아무 일도 일어나지 않는다는 것 역시 진리다. 농부의 일은 하나님이 햇빛과 비를 내려주시는 데 절대적으로 의존적이다. 하나님을 믿지 않는 농부라도 자신의 능력의 한계를 잘 안다.

농부는 배는 배이고, 시금치는 시금치이고, 아보카도는 아보카도이고, 완두콩은 완두콩이기를 바란다. 그는 심겨진 농작물의 정체성으로 인해 기뻐하며, 각 농작물을 그 본질대로 재배하기 위해 할 수 있는 모든 것을 한다. 농부는 농작물을 재배하는 데 아주 적극적이어야 하는 한편, 자신이 지배할 수 없는 환경을 받아들일 줄도 알아야 한다. 하나님의 놀라운 은혜를 아는 가운데에서도, 그들은 때로 설명할 수 없는 일에 직면한다.[1]

부모역할을 감당하는 데 있어서 당신과 하나님의 파트너십을 이해하는 것은 가장 중요한 핵심이다. 당신 혼자 일하면서 좋은 수확을 기대할 수는 없다.

농부형 부모의 의사소통에 있어서 열쇠가 되는 단어는 '격려'다. 물대기와 토지개간을 통해 농작물의 성장을 북돋아 주지 않는 농부가 있다면 그는 곧 파산할 것이다. 마찬가지로 만일 당신이 자녀에게 사랑, 인정, 격려의 말을 해주지 않는다면, 자녀의 정서적, 영적 성장은 저해될 것이다.

농부형 부모는 자녀에게 힘을 더해주어 성숙하게 하고 자녀를 자유로이 놓아주어 독립성을 갖게 하는 데에 특히 적합하다. 격려의 의사소통은 자녀에게 스스로 가지를 뻗고 새로운 시도를 해보려는 자신감을 심어주며, 특히 낙심과 실패 후에 격려의 말을 해줄 때 그 효과가 크다.

건축가형 부모

당신은 건축가가 일하는 것을 본 적이 있는가? 건축가는 새 집을 만들기 위해서든, 쇼핑몰을 만들기 위해서든, 제도판 위에 최종 성과물을 매우 세밀한 부분까지 디자인한다. 오늘날 많은 부모가 이런 건축가와 같다. 그들은 자녀가 무엇이 되는가의 책임이 전적으로 자신에게 달려 있다고 믿는다. 건축가형 부모는 자녀의 삶의 모든 면을 머릿속으로 디자인하고, 심지어 최종 성과가 무엇일지까지 그려본다. 자녀가 무엇이 되기를 바라는 그들의 그림은 매우 명확하다. 그들은 자녀의 활동, 선택, 관계를 주의 깊게 지도하고 통제한다. 그들은 자녀가 무엇에 노출되어 있는지를 검사하고 반드시 '올바른' 아이들과 놀고 사귀게 한다. 그들의 가정에서는 '해야 한다'는 단어가 자주 들린다.

우리는 모두 자녀의 삶에 대한 계획을 세우고 그 계획에 자녀를 맞추려고 한다. 만일 자녀의 고유한 성향이 우리와 맞지 않아 불안함을 느끼면, 우리는 그런 차이점을 없애려 한다. 기본적으로 우리는 우리와 비슷한 사람에게서 편안함을 느낀다.

따라서 우리는 의식하지도 못하는 사이에 자녀를 우리 자신의 복제판으로 만들려고 한다. 우리는 자녀가 우리의 형상대로 창조되기를 바란다. 그러나 그것은 자녀를 하나님의 형상대로 창조하려 하시는 하나님의 뜻에 위배된다.

자녀의 개성을 부인하고 정체성에 위배되는 행동에 따르도록 강요함으로써 우리는 부모로서의 권위를 남용하기 쉽다. 부모로서 우리의 가장 큰 도전과 기쁨은 자녀의 고유성을 존중하고 그들을 있는 그대로 받아들이는 것이다. 우리의 소명은 그들을 지도하는 것이지 개조하는 것이 아니다. 자녀의 고유성을 올바로 인정함으로써 부모인 우리의 좌절과 자녀에 대한 언어 학대를 감소시킬 수 있다.

자녀가 장성한 후에도 건축가형 부모의 기대는 여전히 계속된다. 그것은 자녀의 직업과 결혼 대상자의 유형을 부모가 결정하는 것도 포함한다. 만일 그런 부모가 목표 달성에 성공한다면, 결국 그 자녀는 무슨 일을 할 때마다 죄책감에 시달리며, 정신적으로 우유부단하고 허약하며 하나님에 대해 왜곡된 관점을 가진 의존적인 성인이 되고 말 것이다. 이 유형의 부모가 목표를 달성하기 위해 치러야 할 값은 크다. 이러한 부모들은 크게 세 가지를 자주 경험하는데 그것은 탈진, 좌절, 분노다.

불행히도 건축가형 부모의 의사소통에 있어서 열쇠가 되는 단어는 '명령'이다. 종종 이러한 부모들은 자녀의 삶에서 독재자의 위치를 차지한다. 그리고 부모가 자녀에게 하는 의사소통은 대부분 어디에 가지 말아야 하는지, 무엇을 하거나 하지 말아야 하는지 등의 명령이다.

부모로서 우리의 역할은 하나님의 계획과 디자인을 대체하거나 하나님의 뜻을 방해하는 것이 아니다. 하나님이야말로 우리 자녀에 대한 궁극적인 목표와 목적을 가지신 분이시다. 사실은, 그분이 건축

가이시므로 우리는 하나님의 디자인에 순복해야 한다.[2)]

　이러한 잠재적 위험성을 안고 있기는 하지만, 자녀의 성숙과 독립성에 공헌하는 데 건축가 부모의 역할이 아무 쓸모 없는 것은 아니다. 이 유형의 부모는 자녀의 생애 처음 3, 4년 동안 매우 중요한 역량부여 기법인 '알려주기'를 잘 수행하기도 한다. 그러나 <u>스스로</u> 생각하고 결정할 여유가 더 많이 필요한 높은 연령의 아이들을 건축가적 사고방식으로 지배하려 할 때에는 문제가 발생한다.

　나는 세 가지 유형이 모두 결합된 부모역할을 제안하고 싶다. 우리는 자녀에 대해 부지런히 탐구하고 그들의 고유한 특성과 재능을 발견하면서, 그들을 실제 모습이 아닌 다른 어떤 모습으로 억지로 만들려 하지 말고 개성을 살려주어야 한다. 가끔 수정된 건축가적 접근법이 사용될 수도 있지만, 그것은 어디까지나 그 계획들이 매우 유연성 있고 자녀에게 적합하게 맞춰졌을 때만 가능하다. 당신이 의사소통 방식에 있어서 위협감이나 판단받는다는 느낌을 주지 않으며 질문하는 데 주력하고, 인정과 격려의 말에 초점을 맞출 때, 자녀는 당신이 내리는 지시에 더 잘 귀 기울일 것이다.

인격의 청사진

팀 키멜Tim Kimmel은 그의 탁월한 저서 「사랑의 유산」Legacy of Love에서 자녀 인격의 청사진을 만들 필요성에 대해 강조한다. 그의 기본적인 질문은 이것이다. "당신은 자녀의 인격형성을 위한 계획을 가지고 있습니까?" 키멜은 자녀의 인격형성을 위해 노력하는 것이 사랑의 유산을 남기는 것이라고 믿는다. 다음에 나오는 팀 키멜의 인격의 청사진을 자세히 살펴보라.

「사랑의 유산」에서 그는 여러 가지 인격특성을 매우 상세히 탐구하며 설명한다. 당신은 각 자녀에게 맞추어진 청사진을 사용해야 하며 그 청사진은 도중에 변경될 수 있는 유연성이 내재된 것이어야 한다. 그리고 당신이 항상 기억해야 할 것은 아담과 하와에게 잘못된 선택의 여지를 주었던 자유의지가 모든 자녀 안에 아직도 존재한다는 것이다. 당신이 얼마나 많이 노력하고 수고하느냐에 상관없이 당신의 자녀는 당신의 청사진을 따르지 않기로 선택할 여지가 있다.

자녀가 나의 권위로부터 독립할 때 그들에게 필요한 것은?

1. 의사결정 기술 :

(1) 신체적 : 운동, 영양섭취, 휴식

(2) 사생활 : 재정, 직업, 가정생활

(3) 사회적 : 데이트 관계, 사랑, 우정, 적대적인 사람들에 대처하는 방법

2. 인격특성 : 신앙, 정직, 안정감, 절제, 인내, 용기

3. 일생의 목표 : 하나님을 사랑하고 순종함, 배우자를 사랑함, 자녀를 사랑함, 좋은 친구가 됨, 열심히 일함, 다른 사람들을 위해 자신의 삶을 투자함

4. 생존기술 수행 능력 :

(1) 신체적 : 스케줄 관리, 요리, 수영, 안전 기술 학습, 운전

(2) 사생활 : 예산에 맞는 생활, 통장 관리, 과업의 달성 방법을 앎, 소유물을 잘 유지

(3) 사회적 : 타인과 잘 지냄, 어려운 상황을 피하지 않고 직면함, 문제를 해결함, 적절한 예의를 갖춤, 필요하다면 홀로 설 수 있음

(4) 영적 : 타인에게 믿음을 전함, 회개함, 하나님의 친구가 됨

5. **훌륭한 인간관계** : 갈등 해결 능력, 남들을 섬김, 의사소통, 경청, 용서

이것들이 우리가 자녀에게 전달해야 할 특성과 기술의 전부는 아니지만, 당신에게 아이디어를 제공해줄 수는 있다. 이 목록의 다섯 가지 영역을 사용함으로써 우리는 각 자녀에 대한 설계도나 청사진을 그려볼 수 있고, 자녀의 성장에 발맞추어 각 영역을 강화시킬 수 있다.

이 인격형성 도구들은 '모든 사람에게 적용될 수 있는' 특성을 지니고 있다. 이 목록에 대한 당신의 생각은 당신의 모든 자녀에게 적용될 수 있을 것이다. 또한 이 다섯 가지 진술은 우리로 하여금 각 자녀의 고유

성에 대해 생각하게 한다.

예를 들어, 당신의 딸은 학구파인데 반해 아들에게는 학습장애가 있을 수 있다. 그렇다면 당신이 아들에게 숙달하기를 바라는 기술과 딸에게 숙달하기를 바라는 기술은 종류가 다를 것이다. 또한 청사진을 그릴 때 고려되어야 할 것은 성gender으로서, 데이트할 때 아들의 책임은 딸의 책임과 다를 것이다. 만약 운동에 뛰어난 자녀가 있다면, 설계도를 그릴 때 반드시 그 점을 염두에 두어야 한다.

중요한 점은 사랑의 유산을 남기기 위해 무엇이 필요한지를 우리가 분명히 알아야 한다는 것이다. 완성된 청사진을 그려봄으로써 우리는 그 목표를 향해 한층 전진할 수 있다.[3]

가짜 유산

당신이 자녀의 인격형성을 위한 청사진을 만들기로 결심했다면, 당신의 말과 행동에는 일관성이 있어야 한다. 만일 자녀를 개발시키려는 기능, 기질, 목표가 당신 자신에게 없다면, 당신은 결국 팀 키멜이 가짜 유산이라고 부르는 분노, 두려움, 타협, 게으름, 율법주의, 위협적 자세, 완벽주의, 자포자기만을 전해주고 말 것이다. 이러한 부정적 특성들을 진정한 사랑의 유산과 대비시켜 보라.

분노의 환경 가운데서 양육된 아이는 평생 정서적으로 고갈된 삶을 살며 고통당한다. 계속되는 처벌을 받으며 마음을 풀 기회가 없다는 것은 고문이다. 분노의 감정을 해결하지 못한 가정은 그 유산을 다음 세대에 반드시 물려주게 된다. 그러나 물론 그것은 평화의 하나님을 만나지 못한 경우에 한해서다. 두려움의 유산을 물려받은 아이는 장애를 지닌 성인으로 성장하게 된다. 그리고 그들 주변에 머물던 두려움은 어느 날 그들의 삶의 방식이 된다. (중략) 율법주의는 은혜가 없는 삶의 부산물이다. 이런 유형의 환경에서 양육된 많은 아이는 뛰쳐나갈 기회가 주어지자마자 그 환경에서 탈출한다. 불행히도 율법주의에 매여있던 자들이 억제되지 않은 방종을 향해 내닫는 경우가 종종 있다. 그들은 균형을 상실했던 아동기로부터 방향을 급선회하여 극단적인 삶을 살면서 성인기를 보낸다.[4]

변화를 위한 지침

지금 당신은 자녀를 위한 인격 발달의 청사진을 만들려 하고 있지만, 지금까지 이어져 온 오랜 악습이 당신을 방해할지도 모른다. 다른 부모들과 마찬가지로, 당신이 인식하지도 못하는 사이에 행했던 부모역할의 방법이 이상적이지 못하고, 심지어 당신의 자녀에게 해로울 수도 있다는 것을 당신은 이제 깨닫는다. 그래서 당신은 "난 어디로 가야 하나? 내가 어떻게 변화될 수 있을까?"라고 질문하고 있는지도 모른다.

    변화는 가능하다. 그리고 당신이 부모역할 스타일을 바꾸도록 돕는 몇 단계가 여기 있다.

당신 자신이 어떤 부모역할 유형을 갖기를 원하는지, 또 당신의 자녀가 어떻게 되기를 원하는지 글로 쓰며 파악하라

이 단계는 부모가 하나 되어 팀으로 수행할 때 가장 효과가 크다. 자신의 응답을 각자 기록한 후에, 그 계획을 둘이 함께 나누라. 서로가 계획에 따르도록 돕고, 서로가 잘하고 있는지 확인해주며, 서로를 위해 매일 기도하라.

당신의 새로운 계획을 자녀에게 전달하라

자녀의 곁에 앉아서 그의 일생에 대해 당신이 세운 계획을 함께 나누라. 이 새로운 방법 아래에서 예상되는 당신의 행동이 무엇인지를 자녀가 이해할 수 있는 정도로만 설명하라. 이것은 가정생활에 새로운 방향성을 제시해주므로 어떤 부모들은 이를 '구조조정 회의'라고 부른다.

　이 회의에서 중요한 것은, 자녀에 대한 당신의 사랑과 당신이 자녀가 최선의 삶을 살도록 헌신하고 있다는 것을 자녀에게 확신시키는 것이다. 어떤 부모는 그것을 다음과 같은 말로 표현했다. "엄마는 널 사랑한단다. 그리고 우리의 관계를 소중히 생각해. 네가 내 딸인 게 엄마는 정말 기뻐. 좋은 부모가 되는 것을 엄마가 아주 중요하게 생각한다는 것을 네가 알았으면 해. 너는 딸로서 가장 좋은 대접을 받을 자격이 있어."

　만일 당신이 과도한 엄격함이나 율법주의 같은 나쁜 부모역할 패

턴을 바꾸고 있다면, 당신의 자녀가 이해할 수 있을 정도로 쉽게 예전의 패턴을 설명하라. 그 한 예로 이렇게 말할 수 있을 것이다. "내가 지나치게 엄격하게 굴고, 네게 필요한 것이 무엇인지 네 말을 들으려 하지 않았던 적이 있었지. 때때로 나는 너의 성장에 최선이 무엇인지보다 내가 생각하기에 적절한 것이 무엇인지에 더 신경을 쓰곤 했어."

또한 과거 당신의 행동에 대해 당신이 어떻게 느꼈는지를 자녀에게 알려주는 것도 중요하다. 당신이 자녀를 대우한 방법에 대한 책임이 자녀에게는 없다는 것을 다시 한 번 분명히 이야기하라. 한 예로 이렇게 말할 수 있을 것이다. "내가 이전에 너를 대했던 방식은 내가 정말로 원하는 방식이 아니었어. 이 사실을 인정하는 것이 어렵지만, 나의 행동 때문에 너의 삶을 힘들게 만들고 말았구나." 구체적인 행동이나 말에 대해 자녀에게 용서를 구할 필요가 있다면 지금이 그렇게 할 좋은 때다.

또 구조조정 회의 동안에, 이전까지의 부모역할 방법 밑에서 자녀가 어떻게 느꼈는지를 허심탄회하게 말하도록 하라. 그러고 나서 당신이 설명한 새로운 접근법 밑에서라면 자녀가 어떻게 느낄 것 같은지 물어보라. 자녀에게 생각할 시간이 필요할 수도 있으므로 즉각 응답하도록 재촉하지 말라. 그러고 나서 새로운 시도를 하는 당신을 위해 기도해달라고 당신의 자녀에게 부탁하라.

당신의 새로운 계획을 수행하라

출발을 돕기 위해서 당신이 작성한 새로운 계획을 30일 동안 매일 아침과 오후에 낭독하라. 그 한 달 동안 주말마다 당신의 진척사항을 평가하되, 먼저 혼자서 평가한 후 배우자나 신뢰하는 친구와 함께 의견을 나누라. 당신 자신이나 자녀가 즉시 변화될 것이라고 기대하지 말라. 우리는 모두 점진적으로 변화하며 오히려 꾸준한 변화가 더 지속적인 경향이 있다.

행복한 부모 되기 스터디 가이드

당신의 배우자, 신뢰하는 친구,
또는 당신이 속한 스터디 그룹과 함께 나누세요.

Q 각 부모역할에 대한 당신의 장점과 단점을 써보라.

☑ 탐험가형 부모로서 나의 최대 장점 :

☑ 탐험가형 부모로서 나의 최대 약점 :

☑ 농부형 부모로서 나의 최대 장점 :

☑ 농부형 부모로서 나의 최대 약점 :

☑ 건축가형 부모로서 나의 최대 장점 :

☑ 건축가형 부모로서 나의 최대 약점 :

Q 팀 키멜이 말한 인격의 청사진에 기반을 두고, 다음의 각 항목에서 당신이 자녀를 위해 정하고 싶은 한두 가지 우선적 목표를 적어보라.

☑ 의사결정 기술 :

☑ 인격특성 :

☑ 일생의 목표 :

☑ 생존기술 :

☑ 인간관계 :

🕮 note

1) Used with permission by David C. Cook Publishing Co. Discovering Your Child's Design by Ralph Mattson and Thom Black ⓒ 1989, available at your local Christian bookstore.
2) Ibid., adapted from pp. 189-191.
3) From the book of Legacy of Love by Tim Kimmel, copyright 1989 by Tim Kimmel. Published by Multnomah Press, Oregon 97266. Used by permission.
4) Ibid., pp. 223,224,227

당신은 나침반 없이
표류하고 있는가?

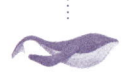

몇 년 전에 나는 보트 한 척을 샀다. 그것은 거대한 요트 같은 것이 아니었다. 나의 보트는 16피트 길이에 보트 바깥에 작은 모터가 달려 있었다. 나는 호수와 남캘리포니아의 바다에서 낚시할 때 그것을 사용했다.

    보트를 산 직후, 아직 안전한 항해에 필요한 모든 것을 구비하지 못했던 때에 나는 친구와 함께 롱비치 항구에 배를 띄우고 모터를 틀어 방파제까지 가기로 했다. 우리가 해협 안에서 이동할 때까지는 날씨가 맑고 화창했지만, 해협을 나오자마자 짙고 축축한 안개에 휩싸이고 말았다. 나는 전방 20피트 이상을 볼 수 없었다. 그러나 나는 이전에 방파제 안쪽의 넓은 해역에 있어 보았기 때문에 천천히 움직인다면 미끼가 있는 바지선船까지 갈 수 있을 것이라고 생각했다. 그래서 우리는 내가 올바른 방향이라고 생각한 쪽으로 계속 움직이면서 곤경에 처한 우리 앞에 미끼 바지선이 곧 나타나리라 기대했다.

그런데 갑자기 앞에 무엇인가가 보였다. 더 가까이 가보니 그것은 유정油井으로 뒤덮인 거대한 섬이었다. 우리가 어떻게 거기까지 갔는지 이해할 수는 없었지만, 석유 채굴 인부에게 방파제의 방향을 물어보니, 우리가 배를 출발시킨 아주 초기에 진로에서 몇 도 벗어났다는 것을 알게 되었다. 처음 100야드 정도 동안에는 그 몇 도가 큰 차이를 내지 않았다. 그러나 항해가 계속될수록 우리가 가기 원했던 곳과 실제로 가고 있는 곳의 간격은 점점 더 벌어졌다. 당시 나는 나침반이 없었기 때문에 진로를 벗어났지만, 그 사실을 알지도 못했다. 말할 필요도 없이 그 항해 후 나는 보트에서 사용할 나침반을 샀다.

부모역할의 표류

당신은 어떤가? 즉 당신에게는 부모인 당신을 안내해줄 나침반이 있는가? 부모역할, 목표, 의사소통 방식에 있어서 당신이 진로를 벗어나 표류하고 있다면 그것을 어떻게 알 것인가? 다음 두 장에서 나는 자녀에 대한 당신의 부모역할과 의사소통 스타일이 중요한 영역들에서 올바른 진로를 따르고 있는지 판단하도록 돕는 몇 가지 '나침반 방위각'을 나누고자 한다.

이번 장의 역기능적 가정의 특성과 다음 장의 부모역할의 신화를 고찰하는 동안, 당신의 부모역할이 진로에서 벗어난 것을 발견하게 되더라도 낙심하지 말라. 완벽한 사람은 아무도 없다. 어쩌면 당신이 양육된 가정에서 물려받은 몇 가지 역기능적 특성들이 나타날 수도 있다. 당신은 나침반 없이 항해를 해왔기 때문에, 즉 더 나은 방법이 있다는 것을 몰랐기 때문에 진로를 벗어나 있었을 수도 있다. 그러나 당신이 원하는 방향으로 가고 있지 않다는 것을 빨리 알수록, 올바른 진로로 돌아가기가 더 쉬워진다.

당신의 부모역할 진로를 수정하는 첫 단계는 당신의 가정 분위기 가운데 당신이 원하지 않는 요소들이 무엇인지 파악하는 것이다. 당신이 고려해볼 아홉 가지 요소들이 다음에 제시된다. 당신은 현재 위치에서 올바른 진로로 되돌아가기 위해 필요한 단계들을 밟을 수 있다.

언어적, 정서적 학대

학대는 역기능 가정에서 가장 파괴력이 큰 요소다. 학대라는 말을 들을 때, 당신은 아마 신체적 또는 성적 학대를 즉각 떠올릴 것이다. 불행하게도 이런 형태의 학대는 너무 자주 일어나고 있으며 심지어 크리스천 가정에서도 일어난다. 그러나 언어적, 정서적 학대는 우리의 가정에서 그보다 더 빈번히 발생한다. 부모가 자녀에게 소리 지르거나 경멸하는 말을 하는 것이 이에 해당된다. 그러나 그보다 더 미묘한 학대도 그것에 못지 않게 고통스럽고 위해하다. 그 몇 가지 예는 다음과 같다.

- 자녀의 말을 듣지 않거나 반응하지 않거나 기타의 행위로써 자녀를 무시하는 것
- 자녀에게 부정적인 선택 사항만 제시하는 것. "저녁을 한 숟가락도 남기지 말고 다 먹을 거야? 아니면 엉덩이를 맞을 거야?"
- 자녀를 끊임없이 비난하는 것
- 자녀의 현실 감각을 왜곡시키는 것. "네 오빠는 마약을 하지 않아. 그저 좀 힘든 시기를 겪고 있을 뿐이야. 그건 다 네 상상이야."
- 자녀를 과잉보호하는 것
- 자녀의 문제를 다른 사람의 탓으로 돌리며 비난하는 것
- 혼란을 초래하는 이중 메시지를 자녀에게 전달하는 것. "그래, 난 널 사랑해. 이젠 큰 소리로 울어서 날 괴롭히지 마. 내가 바쁘다는 걸 모르겠니!"

완벽주의

부모역할을 완벽히 수행하려는 것이 나쁘게 여겨지는 경우는 별로 없다. 그러나 그것이 가정 문제의 근본적인 이유가 되는 경우가 흔히 있다. 완벽주의자는 자신이 스스로 만든 기준에 도달하여 살지 못하기 때문에 자주 화를 낸다. 이런 사람이 부모가 되면 자녀에게도 자

주 화를 내게 되는데, 그것은 자녀가 부모의 기준을 충족시키지 못하기 때문이고, 또한 그런 자녀로 인해 부모 자신의 부족함이 상기되기 때문이다.

완벽주의자들은 보통 여러 가지 수단을 통해 자녀에게 비현실적인 요구를 전달하는데, 그것은 말로 꾸짖고 벌주며 교정함, 비난하는 뜻으로 인상을 찌푸림, 비판적인 말을 되풀이함 등등이다. 완벽주의자 부모가 의사소통을 할 때 지배적으로 사용하는 단어는 '해야 한다'이다.

긍정적으로 들리는 메시지 뒤에 완벽주의적인 메시지가 숨어 있거나 함축되어 있는 경우도 있다. 그 예는 다음과 같다.

- "넌 항상 순종하는 아이였어. 너는 잠시라도 부모에게 문제를 일으킨 적이 없었어."
  해석 : "달라지거나 잔잔한 물 위에 파문을 일으키지 마. 내 말에 네가 늘 순응한다면, 난 행복할 거야."
- "넌 항상 적응을 잘하고 긍정적이야."
  해석 : "언제나 상냥하고, 순응적이고, 편안한 태도를 가져라. 평정을 잃지 말아라. 너의 불쾌한 감정은 묻어두어라."
- "난 너에게 최선을 기대한다. 넌 내가 믿을 수 있는 유일한 아이야."
  해석 : "넌 내 삶의 성취감을 느끼게 하는 유일한 사람이야. 날 위해 너 자신을 희생하여라. 절대로, 절대로 날 실망시키지 말아라."

이런 종류의 의사소통은 언어적 고문의 한 형태다. 자녀는 자기가 기준에 미달한다고 느끼기 마련이고, 결국 '왜 내가 좋은 아이가 되려고 수고하지? 내가 아무리 애를 써도 그 기대를 만족시키지 못할 텐데'라고 생각하게 된다.

경직성

융통성 없는 규칙, 엄격한 가정생활 양식, 율법주의적인 신앙체계는 과도하게 경직되고 금지조항이 많은 가정을 만든다. 그런 가정에서 삶은 틀에 박힌 일과에 의해 지배되며, 인간관계와 사건은 엄격히 통제된다. 가족들이 자발적으로 누리는 즐거움과 놀라움은 책임과 의무에 의해 억압된다.

경직성은 다음과 같은 부모-자녀의 의사소통에 나타난다.

- "우리는 결코 그런 걸 하지 않아."
- "이건 반드시 이렇게 해야 해."
- "우리 가족을 당황하게 할 일은 절대로 하지 말아라."
- "우리는 늘 우리 가족의 전통에 따라 일요일 행사를 한단다."
- "안 돼. 우리의 스케줄을 바꿀 수는 없어. 그 일을 건너뛰어라."

침묵

어떤 부모는 소란스러운 가정을 조용하게 하려고 많은 노력을 한다.

그것은 정상적이다. 그러나 역기능 가정의 부모는 가족에게 입 마개의 규칙을 강요한다. "우리는 우리 집의 담을 넘어가서는 집안 일을 얘기하지 않는다. 우리는 가족의 비밀을 다른 사람에게 말하지 않고 우리에게 문제가 있을 때 남들에게 도움을 요청하지 않아." 그런 가정에서는 모든 것이 비밀로 부쳐져야 한다. 아무도 그 가족의 갈등이나 문제를 알아서는 안 된다.

강요된 침묵을 맹세하며 자란 아이가 성인이 되면 인생의 짐을 오직 홀로 해결해야 한다고 믿는다. 그들은 자신들의 고투를 다른 사람에게 말하는 것을 스스로 허용하지 않으며, 심지어 그들을 도울 수 있는 사람에게조차도 말하지 않는다.

억압

감정을 긍정적인 방법으로 확인하고 표현하는 것은 건전하다. 감정을 과도하게 통제하고 억압하는 것은 장래에 문제를 야기한다. 나는 감정이 부인되고 억압된 가정에서 성장한 많은 부부와 얘기를 나누었다. 그들은 그 불건전한 기질을 부부 관계에 표출시켰고 그것은 그들 관계에 사형선고가 되었다.

하나님은 우리를 감정적 존재로 창조하셨다. 우리의 감정은 뚜껑을 눌러 억제할 수 없으며, 특히 분노, 두려움, 우울 등 부정적인 감정의 경우에는 더욱 그렇다. 이러한 감정들은 서로 사랑하고 용납하는 가정환경 안에서 창조적이고 긍정적으로 표현되어야 한다. 감정을 억압하는 것은 현실을 부정하는 것이다. 정서적으로 억압된 부모를 둔 자녀는 늘 행복한 표정의 가면을 쓰라고 배우지만, 그 가면은 자녀의 고통을 영속시킬 뿐이다.

감정을 억압하거나 부인함으로써 정서의 파이프라인을 틀어막는 것은 신체적 문제로 이어진다. 억압은 심지어 섭식 장애와 같은 수많은 강박 행동을 촉발할 수도 있다. 우리는 감정을 억압하면 그 감정이 사라질 것이라고 생각한다. 그러나 그렇게 되지 않고, 단지 댐에 막혀 그 안에 갇혀 있을 뿐이다. 결국 그 댐은 금이 가서 파열될 것이고, 감정은 억제할 수 없이 폭발할 것이며, 결국에는 관련된 모든 사람에게 상처를 주게 될 것이다.

삼각관계

이 용어는 많은 역기능 가정에서 나타나는 의사소통의 특징을 설명해준다. 삼각관계에서 부모는 자녀를 중개자로 이용한다. 예를 들어, 아버지가 여섯 살짜리 토미에게 "네 엄마가 아직 나에게 화났는지 가보렴. 이 꽃을 갖다 드리고 내가 엄마를 사랑한다고 말하거라"라고 시킨다. 어린 토미는 아버지가 시킨 화해의 심부름을 하러 가면서 그 임무에 상당히 자부심을 느낀다.

그러나 엄마는 토미에게 "난 꽃을 원하지 않는다고 아빠에게 말하거라. 이번에 엄마와 화해하려면 꽃 한 송이로는 안 될 거라고 전해줘"라고 말한다. 임무에 실패한 어린 토미는 나쁜 소식을 아버지에게 전달해야 한다는 생각에 위축되고, 아버지는 분노와 울분을 토미에게 터뜨린다.

　삼각관계에서 자녀는 어린아이가 다룰 수 없는 성인의 문제 한가운데에 말려든다. 자녀는 불건전한 방법으로 사용되며, 이 역시 학대의 한 형태다. 삼각관계가 가정 안에서 일반적인 패턴이 되면 자녀는 죄책감에 사로잡히게 되며, 가정에서 일어나는 모든 잘못된 일이 자기 때문이라고 느낀다.

즐거움의 결여

어떤 가족은 너무 진지하다. 그들은 긴장을 풀고, 여유를 갖고, 재미있게 노는 방법을 모른다. 그들은 "진지하라", "열심히 일하지 않으면 다른 사람이 너를 앞지를 것이다", "놀이는 시간낭비다"라는 근로윤리의 모토에 따라 살아간다. 그들의 의사소통에는 모든 가정에 필요한 사소한 놀림, 농담, 가벼운 장난이 없다. 아주 드물게 가족이 함께 재미있는 시간을 가지려 노력할 때에도 어떻게 장난치는지를 모르기 때문에 서로에게 상처를 입히는 것으로 끝나는 경우가 흔하다.

　최근에 나는 두 사람에게서 이야기를 들었는데 그 핵심은 다음과 같았다. "저는 재미를 모르는 가정에서 자랐어요. 저는 어린 시절을 잃어버린 것처럼 느껴져요. 꼭 도둑맞은 것 같아요. 저는 어린아이였던 적이 없어요." 이것은 얼마나 슬픈 일인가!

순교

오늘날에는 순교자에 대한 얘기를 많이 듣지 못하지만, 역기능 가정에는 아직도 많은 순교자가 존재한다. 이런 경우에 순교는 주님의 부르심이나 영적 은사가 아니다. 그것은 왜곡된 자기부인 의식이다. 순교자 가정에서는 학대와 개인의 고통이 묵인된다. 순교자 부모는 아무리 큰 대가를 치르더라도 다른 사람들을 먼저 대우해야 한다고 자녀에게 말한다. 이런 부모들이 그 대가로 과도한 노동, 섭식 장애, 물질남용 등을 자초하는 것을 자녀는 보게 된다.

순교자 부모의 자녀는 성장했을 때 종종 자신을 희생자, 남의 비위를 맞추는 사람, 또는 순교자로 여긴다. 그것은 자기 부인이라는 이름으로 자행되지만, 실은 자기의 가치절하에서 비롯된 것이기 때문에 파괴적이다.

뒤얽힌 관계

연장할 전선을 찾아 서랍이나 옷장 문을 열었더니 그것들이 서로 얽혀 있는 것을 본 적이 있는가? 아마도 있을 것이다. 그 상태 그대로 그 전선을 최대 길이로 사용할 수 있었는가? 아마도 그렇지 못했을 것이다. 그런 얽매임이 가정에서도 일어날 수 있다. 엄마, 아빠, 자녀가 서로의 삶에 정서적으로 얽혀 있어서 개인의 정체성이 희미해지고 위축되기도 하는 것이다. 이런 가정에서는 각 가족 구성원이 다른 사람의 일에 지나치게 개입한다. 엄마가 아빠의 문제가 되고 자녀는 엄마의 문제가 된다. 아빠와 아이들 간에도 마찬가지다.

만일 가족 중 한 사람이 우울하면 다른 모든 사람도 우울하다. 그들은 정서적으로 너무나도 얽혀 있기 때문에 자신의 상태를 다른 가족의 탓으로 돌린다. 그것은 마치 가족 전체가 거대한 그네를 타고 있는 것과 같다. 한 사람이 올라가면 나머지 다른 사람도 그와 함께 올라간다. 한 사람이 내려가면 나머지 다른 사람도 내려간다. 각 개인은 혼자 생각하거나 느끼지 못한다. 그들이 "내가 누구인가?"라는 의문을 제기할 때가 되면, 그들은 얽힌 관계 속에서 개인의 정체성 상실 상태에 빠진다.[1]

또한 정서적 얽매임은 부모와 자녀 사이의 의사소통을 방해한다. 서로 얽힌 가정에서는 늘 누군가가 자기의 의견을 가지고 끼어들기 때문에 한 자녀가 부모와 대화를 지속하기가 힘들다. 때로는 어떤 의논을 하는 중에도 각 사람이 한 번씩 불쑥 끼어들었다가 불쑥 나가버리기 때문에 의논이 결코 끝나지 않는다. 그리고 아무도 비밀을 지키리라고 믿을 수 없다. 가족 중 한 사람에게 얘기한 것은 결국 다른 모든 사람에게 알려질 것이기 때문이다.

다음의 '행복한 부모 되기 스터디 가이드'를 이용하여 이러한 특징들이 당신의 원가정과 현재 가정에 있는지 평가하라. 이러한 경향이 당신의 원가정에 존재했음을 발견한다면 이제는 행동을 취할 단계다. 당신의 과거를 바꿀 수는 없지만, 과거 사건들에 대한 현재 당신의 반응을 변화시킬 수는 있다. 나는 앞에서 추천한 두 권의 책을 읽기를 권한다. 그 책들은 역기능적 성향이 당신의 과거와 현재에 미치는 영향을 다루는 데 도움이 될 것이다.

만일 그러한 특성들이 당신의 현재 가정에 상당히 존재한다는 것이 드러나면, 당신은 현재의 가족생활 안에서도 궤도 수정을 할 수 있다. 당신이 취하기 원하는 긍정적 방향성을 생각하면서 이번 장의 내용을 부부가 함께 토의하라. 만일 당신이 편부모라면 신뢰하는 친구와 함께 이 논쟁점들을 토의하라. 건강한 가족관계, 그리고 긍정적인 가정 분위기와 의사소통 스타일은 실현될 수 있다!

행복한 부모 되기 스터디 가이드

당신의 배우자, 신뢰하는 친구,
또는 당신이 속한 스터디 그룹과 함께 나누세요.

Q 0점(전혀 없음)부터 10점(항상 있음)까지 기준에서, 아래의 아홉 가지 특성이 당신의 원가정과 현재 가정에 얼마나 나타나고 있는지 등급을 매기라.

☑ **언어적, 정서적 학대**

원가정	0	1	2	3	4	5	6	7	8	9	10
현재 가정	0	1	2	3	4	5	6	7	8	9	10

☑ **완벽주의**

원가정	0	1	2	3	4	5	6	7	8	9	10
현재 가정	0	1	2	3	4	5	6	7	8	9	10

☑ **경직성**

원가정	0	1	2	3	4	5	6	7	8	9	10
현재 가정	0	1	2	3	4	5	6	7	8	9	10

☑ **침묵**

원가정	0	1	2	3	4	5	6	7	8	9	10
현재 가정	0	1	2	3	4	5	6	7	8	9	10

☑ **억압**

원가정	0	1	2	3	4	5	6	7	8	9	10
현재 가정	0	1	2	3	4	5	6	7	8	9	10

☑ 삼각관계

원가정	0	1	2	3	4	5	6	7	8	9	10
현재 가정	0	1	2	3	4	5	6	7	8	9	10

☑ 즐거움의 결여

원가정	0	1	2	3	4	5	6	7	8	9	10
현재 가정	0	1	2	3	4	5	6	7	8	9	10

☑ 순교

원가정	0	1	2	3	4	5	6	7	8	9	10
현재 가정	0	1	2	3	4	5	6	7	8	9	10

☑ 뒤얽힌 관계

원가정	0	1	2	3	4	5	6	7	8	9	10
현재 가정	0	1	2	3	4	5	6	7	8	9	10

Q 당신의 현재 가정에서 4점 이상의 특성들을 어떤 특성으로 대체할 수 있을 것인지 써보라. 이제 그러한 특성을 가정 안에서 실행하기 위해 당신은 어떻게 할 것인가?

note

1) H. Norman Wright, Always Daddy's Girl(Ventura, CA: Regal Books, 1989), adapted from pp. 140-155.

부모역할의 신화

당신이 어느 정도의 시간 동안 부모역할을 해왔다면, 의심할 여지없이 당신이 원래 알고 있던 부모역할 이론 중 어느 정도는 수년 사이에 바뀌었을 것이다. 나도 분명히 그랬다. 우리는 대부분 부모역할에 대해 처음에 가졌던 생각이 사실이 아니라는 것을 알고 생각이 바뀌는 과정을 거쳤다. 처음에는 사실로 보였던 것이 신화에 불과했던 것으로 밝혀지기도 했다.

    자녀를 북돋아 주고 의사소통을 잘하는 부모가 되려고 한다면 반드시 거부해야 할 부모역할의 신화가 몇 가지 있다. 다른 영역의 신화와 마찬가지로 부모역할의 신화들도 광범위하게 진리로 유포되고 있지만, 사실 그것은 진리가 아니다. 우리는 그런 신화의 존재 속에서 살아갈 수밖에 없지만 그것에 따라 살아서는 안 된다. 그러나 애석하게도, 그런 신화에 따라 부모역할을 하며 살던 부모들은 착각에서 깨어날 때의 환멸과 낙심을 종종 경험하곤 한다. 그 이상에 따라 사는 것이 불가능하기 때문에 그들은 곤경에 빠지고 당황하게 된다. 만일 우리가 부모역할에 대한 잘못된 신념들을 바꾸지 않는다면, 우리 자신과 가족들은 침체에 빠지고 비진리 안에 갇히게 될 것이다.

이번 장에서는 부모역할에 대한 세 가지 신화를 살펴볼 것이다. 이 외에도 지금도 유포되고 있는 다른 신화들과 당신이 직접 경험한 몇 가지를 추가할 수 있을 것이다. 그러나 만일 당신이 다음 세 가지 영역의 신조를 바꿀 수만 있다면, 당신은 성공적인 부모역할과 의사소통을 향한 길에 충분히 들어설 수 있을 것이다.

신화 1: 부모의 전적인 관여

부모역할의 첫 번째 신화는, 좋은 부모는 매일 자녀의 일에 전적으로 관여해야 한다는 주장이다. 나는 당신이 부모의 역할에 열중하기를 바란다. 어떤 일을 잘 하려면 열중하는 것이 필요하다. 하지만 과도한 열중은 불필요하다. 당신은 자녀의 일에 관여해야 하지만, 매순간 주목할 정도로 전적으로 관여할 필요는 없다.

부모역할에 대한 과도한 열중은 부모와 자녀의 의사소통에도 나타난다. 과도하게 열중하는 부모는 다음과 같이 말한다. "내가 널 위해 이 모든 수고를 한다는 걸 네가 알아야 돼." "도대체 어떻게 거기에 안 가려고 할 수가 있니? 너를 이 활동에 참여하게 하려고 내가 뭘 포기했는지 모르겠니?" 과도하게 열중하는 부모의 희생은 자녀에 대한 지나친 기대와 요구로 이어질 수 있다. 그런 부모는 의사소통을 할 때 자기 연민, 희생 의식, 죄책감 등을 표출함으로써 자녀를 통제하려 한다. 그 예는 다음과 같다. "내가 널 위해 얼마나 애쓰는지 모르겠니?" "엄마는 비록 중요한 정보를 놓치게 되더라도 너와 함께 있기 위해 수업을 포기하는 게 좋아."

내가 만나본 부모 중에 가장 큰 좌절감을 겪고 있는 부류는 과도한 열심을 내고, 과도하게 관여하는 사람들이었다. 그들은 모든 시간을 자녀에게 바치고, 모든 주의를 자녀에게 집중하기 위해 부모역할에 관련되지 않은 모든 활동에서 손을 뗐다. 또 자신들 외의 다른 사람이 어떤 식으로든 자녀에게 영향을 미치거나 상관하는 것을 허용하지 않았다. 세 살짜리 자녀를 둔 어떤 부모는 남에게 자녀를 맡겨 돌보게 한 적이 한 번도 없다고 했다. 그들은 자녀와 언제나 함께 있기를 원했다. 그러나 그것은 불필요하고 불건전하며 과도한 관여다.

과도하게 세심한 부모는 자녀에게 계속 주기만 하며, 자녀가 성장하면서 자신의 필요를 적절히 책임지도록 가르치지 않는다. 이런 부모는 자녀에게 유익한 것이라면 무엇이든 계획하고 실행하지만, 한 사람의 성인으로서 자녀의 삶에 균형을 잡아주지는 못한다.

이와 같은 신화의 희생자로 전락하는 부모는 종종 자신의 가치를 자녀의 반응과 결부시킨다. 그리고 그것은 부모와 자녀 모두에게 과도하게 엄격한 표준을 부과하는 것으로 이어진다. 그런 부모는 1분의 시간까지 자녀와 함께 보냄으로써 서로에게 진정한 자유시간이나 자유로운 공간을 허락하지 않는다. 심지어 그들은 저녁시간을 따로 보내거나 배우자와 단둘이 집을 떠나 주말을 보낼 때에도 죄책감을 느낀다. 간단히 말해서, 이런 부모는 자신들이 자녀에게 한시라도 없어서는 안 될 존재라고 생각한다.

당신이 자녀에게 없어서는 안 될 존재라고 느끼기 시작하면, 당신은 결국 피로에 지치고 죄책감에 시달리는 악순환에 빠질 것이다. 즉 당신은 자녀에게 전적으로 관여하느라 너무 지쳐 다른 사람들이 개입하여 양육을 돕도록 허락할 것이다. 그러나 그렇게 되면 당신은 부모로서의 의무를 다하지 못한 것 같아 죄책감을 느끼게 되고, 그로 인해 자녀에게 더 많이 관여함으로써 피로가 더 가중될 것이다.

최근에 나는 몇 쌍의 부모와 얘기를 나누었는데 그들은 탈진되고 덫에 걸린 것처럼 느끼고 있었다. 한 부부가 말했다. "우리는 늘 자녀에게 시간을 내주려고 애썼고, 애들이 흥미를 느끼는 활동에 참여하도록 격려해왔어요. 그러다 보니 몇 달 동안 우리는 토요일에 우리가 원하는 것을 해보지 못했어요. 존은 축구경기를 아침 10시에 하고, 케니는 11시 반에 하고, 켈리는 2시에 해요. 경기가 끝나고 나면 늘 팀이 함께 뭘 먹으러 가는데, 누가 운전사가 될지 생각해보세요! 또 가을에는 미식축구가 있고 봄과 여름에는 어린이 야구 리그가 있어요. 우리는 계속 주기만 하느라 너무 지쳤어요."

과도한 관여는 낙심과 좌절로 이어지며 결국에는 부모역할에 지쳐 떨어지게 한다. 당신은 자신을 재충전하는 데 시간을 사용하지 않았으므로 더 이상 부모로서 줄 것이 없다. 그리고 충분히 잠을 자더라도 휴식을 취했다고 느끼는 경우가 드물다. 당신은 한 가지 일에서 다른 일로 자신을 억지로 끌고 간다. 당신은 "부모가 되는 기쁨이란 게 도대체 어디 있단 말인가?"라고 의아하게 여긴다. 이제 당신의 상태는 화내고 분내기에 적당할 뿐이다.

짐과 헬렌은 과도하게 관여하는 부모역할을 감당하면서 울분을 느끼는 희생자였다. 헬렌은 이렇게 말했다. "저는 겉으로 비명을 질러요. 저는 아이들을 신체적으로 때리지는 않지만, 정서적으로 충격을 주고 있어요. 남편 짐도 비명을 지르지만, 조용하게 속으로 하죠. 나는 남편이 누군가에게 분노와 좌절을 발산하길 원해요. 저의 폭발은 아이들에게 좋지 않지만, 남편의 태도는 남편 자신에게 좋지 않으니까요. 그러나 저희는 어떻게 해야 할지 모르겠어요."

위험 표지판

당신이 과도하게 관여하는 부모인지 어떻게 알 수 있는가? 자녀에게 주의를 기울이고 사랑을 쏟는 부모와 과도하게 관여하는 부모의 차이는 무엇인가? 과도하게 관여하는 부모역할의 징후일 수 있는 몇 가지 예가 다음에 있다.

- 자녀의 몫으로 그릇에 담아준 음식을 다 먹으라고 강요한다.
- 자녀가 상처받을까 봐 염려하여 어떤 활동도 참여하지 못하게 한다.
- 자녀가 스스로 할 수 있음에도 불구하고, 당신이 자녀의 시종인 것처럼 옷을 입혀주고, 신을 신겨준다.
- 추운 날에는 자녀에게 옷을 따뜻하게 입으라고 거듭 말한다.
- 자녀를 위해 정기적으로 숙제를 해준다.
- 자녀에게 가사 일을 하나도 맡기지 않는다.
- 다 큰 자녀를 걸어서 학교까지 데려다준다.
- 다른 사람이 당신의 자녀를 돌보는 것이나 당신의 외출했을 때 집에서 봐주는 것을 허락하지 않는다.
- 십대 자녀가 당신이 선택해준 친구하고만 놀도록 한다.
- 항상 자녀를 따라 다니며 자녀가 어질러놓은 것을 치우고, 심지어 자녀의 방까지 정리해준다.

이러한 반응은 어린 자녀를 둔 부모에게서만 발견되지만, 그 중 많은 것이 학령기나 십대 자녀를 둔 부모에게도 발견된다. 자녀에게 과도하게 주의를 기울이는 부모는 자녀가 성인이 될 때까지도 자녀의 일을 결정한다. 그러한 과도한 관여는 자녀가 책임감과 독립성을 갖도록 준비시켜주지 못한다. 부모의 과도한 주의가 계속된다면, 독립하기를 원하는 자녀의 자연스러운 추구가 질식된다.[1)]

과도한 관여에서 벗어나기

부모역할에 있어서 다른 접근법을 취한 어느 부부에 대해 이야기하겠다. 그들은 자녀에 관련된 목표만이 아니라 부모 각각의 목표와 공동 목표에 대해서까지 철저히 토의했다. 그리고 그 모든 목표에 그들의 시간과 에너지를 어떻게 분배할지 심사숙고했다.

그 부부의 자녀는 모두 운동경기에 참여하기를 원했기 때문에 시즌이 시작될 때 가족이 함께 둘러앉아 거기에 들어갈 시간과 에너지 비용에 대해 토의했다. 각 자녀는 1년 동안 참가할 두 가지 스포츠를 선택할 수 있도록 허락되었고, 엄마와 아빠가 모든 경기에 참석할 수는 없다는 것이 주지되었다. 엄마와 아빠가 주말에 여행을 가고 없는 경우에는 친구의 차편으로 경기장과 집을 오고 가야 했다. 부모가 관람할 수 없는 중요한 경기는 친구가 비디오 촬영을 해두었고, 나중에 가족 전체가 함께 비디오를 보며 즐거운 시간을 가졌다.

자녀와 함께하는 시간에 대한 당신의 기대수준은 어느 정도인가? 그것은 현실적인가? 당신은 슈퍼 엄마, 슈퍼 아빠가 되려고 하는가? 이 가정은 주의 깊은 계획을 통해 부모가 과도하게 관여하지 않으면서도 자녀가 여러 가지 활동에 참여할 수 있었다.

부모로서 우리의 임무는 자녀에게 책임을 가르치고 각 발달단계에 맞추어 그들을 해방시키는 것이다. 아마 우리는 새로운 단계가 시작되었음을 스스로에게 인식시키기 위해 가끔씩 공개적으로 선언해야 할 것이다. 예를 들어, "이제 우리 아이는 유치원생이 아니고 초등

학생이야. 이제 아이가 새로 가질 자유는 ~이야", "우리 애가 열세 살이 되었어. 이제 우리는 아이를 청소년으로 대우하고 잘 성장하도록 격려할 거야" 등이 있다.

만일 당신이 자녀의 생일에 자녀와 함께 앉아서 앞으로의 1년에 대해 의논한다면 무슨 일이 일어나겠는가? 자녀가 자신에게 갖는 기대는 무엇인지, 또 부모에게 갖는 기대는 무엇인지 질문하라. 자녀가 그 기대를 이룰 수 있도록 한 해 동안 당신이 어떻게 도울지 질문하라. 자녀에 대한 당신의 소망과 기대의 일부를 함께 나누어라. 어떤 부모는 이렇게 논의된 사항을 기록해두어 1년 동안 참고한다. 이와 같은 상의는 부모와 자녀 모두에게 좌절과 언어적 학대를 감소시키는 역할을 한다.

몇 년 전 딸 셰릴이 16번째 생일이라는 인생의 중요한 시점을 맞았을 때, 우리 가족은 딸의 삶에 새로이 등장하는 두 가지 활동, 즉 데이트와 운전에 대해서 가족의 기대와 지침을 명확히 할 필요가 있다고 결론 내렸다. 아내 조이스와 딸 셰릴과 나는 그 지침에 어떤 내용이 포함되어야 할지 각자 생각했다. 그러고 나서 함께 둘러앉아 우리의 생각에 대해 토의했다. 많은 이야기가 오고갔다. 마침내 우리는 셰릴이 열여덟 살이 될 때까지 유효할 서약과 일련의 지침사항들에 합의했다. 열여덟 살이 되면 셰릴은 자율적인 생활을 할 것이다. 데이트와 운전에 관한 셰릴의 지침사항에는 다음과 같은 것이 포함되었다.

- 차를 사용하기 전에 엄마나 아빠에게 허락을 받을 것이고, 사용 목적을 설명하겠습니다.
- 외출하기 전에 숙제와 피아노 연습을 완전히 마치겠습니다.
- 수요일 저녁에 차를 운전하여 교회에 갈 수 있지만, 미리 허락을 받지 않고는 어떤 사람도 교회에서 집으로 데려오지 않겠습니다.
- 어떤 상황에서도 다른 사람이 차를 사용하는 것을 허락하지 않겠습니다.
- 한 주에 최대 35마일까지 운전할 수 있으며, 초과 마일에 대해서는 비용을 지불하겠습니다.
- 어떤 상황에서도 길 가던 사람을 함부로 태워주지 않을 것이며, 차에 문제가 생기더라도 낯선 사람의 차를 타지 않겠습니다.
- 3주에 한 번씩 직접 세차하거나 세차를 시키겠습니다.
- 제 잘못으로 사고가 났을 경우, 공제금액의 절반과 인상된 보험료의 절반을 제가 지불하겠습니다.

부모가 자녀에게 관여함에 있어서 적절한 균형점을 찾아내는 것은 끊임없는 분투의 연속이다. 그럼에도 불구하고 우리는 조직성의 과도함과 부족, 시간계획의 과도함과 부족, 가족의 하나 됨과 개인의 사생활 사이에서 중심 찾기를 계속해야 한다. 그때 우리가 사용하는 규칙들은 상충되지 않고 일관성이 있어야 한다. 그리고 엄격함보다 융통성이 있는 가정이 되어야 한다.

신화 2 : 부모의 전적인 책임

부모역할의 두 번째 주요한 신화는 자녀의 성패가 온전히 부모에게 달려있다는 것이다. 많은 크리스천 부모는 이 신화를 가지고 악전고투하며, 자녀가 양육한 대로 행동하지 않을 때 그 책임이 부모에게 있다고 믿는다.

우리는 그런 부모의 대화에서 이런 내용을 들을 수 있다. "어디서부터 잘못된 걸까?" "어떻게 이런 일이 우리에게 일어날 수 있지?" "이 모든 일 가운데 하나님은 어디에 계셨을까?" "우리가 아이들을 더 잘 길렀어야 하는데." "우리가 그동안 어떻게 가르치며 길렀는데 그 아이가 우리를 떠나 방황할 수 있단 말인가?" 이런 부모는 그들이 떠맡은 책임의 증거로 잠언 22장 6절의 "마땅히 행할 길을 아이에게 가르치라 그리하면 늙어도 그것을 떠나지 아니하리라"는 약속을 인용한다. 그들은 이 구절을 하나님의 보증으로 여긴다. 그래서 만일 자녀가 "마땅히 행할 길"을 떠나면 그들이 자녀를 가르치는 데 실패했다고 생각한다.

그렇다면 이 구절은 절대적인 약속인가, 아니면 일반적인 원리인가? 정신병리학자 존 화이트John White는 잠언이 철통 같은 약속이 아니라 일어날 가능성의 개연성으로 기록되었다고 보았다. 솔로몬은 인간의 본성과 하나님의 피조세계가 작용하는 방법을 하나님의 인도를 받아 관찰했고, 그의 목적은 그 관찰내용을 나누는 것이었다. 그러나 사람들은 그 관찰 중 일부를 그러한 문맥에서 이탈시켰다. 그래서 잠언 22장 6절은 하나님의 약속으로서 독립적인 지위를 갖게 되었다. 이 구절이 보증이라고 주장하는 사람들은 자녀가 철저하게 프로그램될 수 있으므로 그들의 길도 결정된다고 믿는다. 그리고 자녀가 실패한다면 부모가 실패한 것이라고 역설한다.

그러나 만일 그 논리를 따른다면, 우리는 하나님이 아버지로서 실패했다고 비난해야 할 것이다. 아담과 하와에 대해 생각해보라. 하나님이 그들에게 아버지 역할을 하실 때 어떠한 잘못이 있었는가? 절대로 그렇지 않다! 하나님은 그들에게 지혜, 사랑, 돌봄으로 반응하시며 완전한 환경으로 그들을 두르지 않으셨는가? 분명히 그렇다! 그러나 하나님의 완벽한 부모역할에도 불구하고 아담과 하와는 하나님이 그들에게 가기 원하신 길을 벗어났다.

하나님은 아담과 하와에게 주셨던 것과 똑같은 자유를 우리에게 주셨는데, 그것은 선이나 악을 스스로 선택할 수 있는 자유다. 마찬가지로 당신의 자녀도 이와 동일한 자유를 가지고 있다. 물론 당신에게는 자녀를 사랑하고, 돌보며, 긍정적이고 교육적인 환경에서 키울 책임이 있다. 그러나 자녀가 자신들의 삶에서 어떠한 방향을 선택하는가에 대한 책임은 당신에게 없다. 부모의 전적인 책임은 신화에 불과하며, 그것으로 인한 죄책감, 좌절감, 자기 정죄감은 아무 근거가 없다.[2]

신화 3 : 부모 됨의 전적인 즐거움

광범위하게 받아들여지는 세 번째 신화는 부모역할이 전적으로 보람 있는 일이며, 자녀는 언제나 부모에게 즐거움만 주리라는 것이다. 이 개념은 기껏해야 부분적으로만 사실일 뿐이다. 부모가 됐을 때, 상당 시간은 보람 있고 즐거울 것이다. 그러나 항상 그렇지는 않다. 좌절과 울분 속에서 "어떻게 해야 부모노릇을 그만둘 수 있을까?"라고 질문할 때도 있을 것이다. 낙심과 마음의 고통으로 인해 "왜 우리가 자식을 낳았을까?"라는 말이 튀어나올 때도 있을 것이다.

　자녀 때문에 전적으로 즐겁기만 하리라는 것은 비현실적인 기대였다고 수년 동안 부모들이 말하는 것을 들어왔다. 그런데 안타까운 것은 많은 부모가 "너를 기르는 게 이렇게 힘든 일일 거라고는 꿈도 꾸지 못했어", "너를 돌보는 게 얼마나 수고스러운지 알고 나서 엄마와 아빠는 더 이상 자녀를 갖지 않기로 결정했단다", "내가 좀 쉬려면 너와 네 오빠가 캠프에 가야 하는데 난 그때까지 기다리기가 도무지 힘들어", "네가 어서 학교에 들어가야 엄마가 집을 벗어나 다시 일할 수 있을 텐데… 엄마는 그때를 학수고대하고 있단다" 등의 말로 그들의 실망을 자녀에게 전달한 것이다.

　당신이 이런 생각을 좌절감을 터뜨리며 말하든 농담으로 말하든, 당신의 자녀가 그 말로 인한 상처에서 회복하기까지는 몇 년이 걸릴 수도 있다.

왜 부모역할이 완전히 즐거울 수 없는가? 거기에는 몇 가지 이유가 있다.

- 부모역할의 결과가 우리의 기대와 완전히 일치하지 않을 때, 우리의 정체성과 가치감은 위협받는다. 부부관계, 직장, 그 외 다른 일들에서 성공한 부부라 하더라도, 자녀가 그들의 기대치에 따라주지 못하면 (사실 완벽하게 그럴 수 있는 자녀는 아무도 없지만) 그 부모는 실패감을 느낄 것이다.
- 한 자녀를 키우는 데 부모는 많은 시간을 할애해야 한다. 부모는 곧 자신들의 시간이 더 이상 자신들의 것이 아님을 알게 된다. 그러나 대부분의 부모는 자신들의 스케줄이 자녀에 의해 방해받는 것을 좋아하지 않는다.
- 부모역할의 많은 부분을 수행하는 데에는 경험으로 체득되는 기술이 요구된다. 따라서 많은 부모는 자녀를 위해 무엇을 해야 할지 모르는 진퇴양난에 빠질 때마다 죄책감과 불안을 느낀다.
- 자녀가 신체적, 정서적 자제력을 자주 상실하여 부모를 화나게 하는 상황 속에서도 부모는 엄청난 자제심을 보여줄 수 있어야 한다.
- 자녀와의 의사소통은 어른과 다르다. 어른들 사이에서는 자유롭고 솔직한 의사소통을 즐길 수 있지만, 부모와 자녀의 의사소통은 아이의 이해수준에 맞춰 제한된다. 어른들은 쉽게 지시를 전달하고, 전달받고, 수행한다. 그러나 자녀가 지시사항을 수행하기까지 부모

는 자녀에게 반복해서 기억시키고, 고쳐주어야 한다.
- 부모역할을 하려면 여러 가지 활동이 제한되는데, 특히 어머니가 그렇다. 당신이 전에는 직업을 가졌지만 이제는 자녀에게 매여 있는 어머니라고 상상해보자. 당신은 독립적인 생활을 누렸었고 직장에서 많은 성취도 했다. 그러나 이제 당신은 직장인이 아닌 어머니가 되었고, 새로운 어머니 역할의 과업을 달성할 기술의 검증도 받지 않은 채 불안정하고 어쩔 줄 모르는 상황 속에 던져졌다. 당신의 자신감과 업무력은 감소되었다. 이 시기에는 남편의 지원과 관여가 안정감을 주는 결정적인 힘이 될 수 있다.
- 어머니가 되는 것은, 한 여성이 자신과 타인들에 대해 갖는 관점을 변화시킨다. 아기를 갖는 것은 여성으로 하여금 이전보다 자신에게 덜 집중하고 다른 사람을 더 배려하도록 만든다. 또 그녀는 이전보다 남편을 더 의지하게 된다. 그녀는 아기를 돌보아야 하기 때문에, 원하든 원하지 않든 돌봄을 받을 필요가 있다.

어머니가 받는 부모역할의 압력은 여러 가지 면에서 분명하다. 의학박사 로저 굴드Roger Gould는 그의 저서 「변화」Transformations에서 그러한 압력의 일부를 묘사한다.

자녀와 함께 경험하는 일상생활에서 어머니의 시간은 어머니의 것이 아니다. 어머니는 자녀의 다양한 요구에 반응해야 한다. 그러나 종종 무엇을 해야 할지 잘 모르고, 좋은 해결책이 없는 경우가 많기 때문에 어떤 것을 하든 죄책감과 조바심으로 고통당한다. 자녀는 끊임없이 어머니의 인내심과 능력의 한계를 시험한다. 자녀가 통제력을 잃을 때에도, 어머니는 자제심을 잃지 말아야 한다. 아기는 무력한 인간에 불과하지만, 때로는 어머니 신체의 개인적인 곳과 심리적 안정감에 침입해 들어오는 야만적인 적처럼 느껴지므로, 어머니는 때로 무력의 사용도 생각할 것이 분명하다.

어머니는 수백 명의 가정전문가들의 조언을 그녀의 직관, 그리고 자녀로 인해 되살아나는 자신의 어린 시절 기억의 단편들을 통해 처리해야 한다. 다 포기하고 일관적인 규칙 중 하나를 따르기로 선택한다면 편하겠지만, 자녀의 운명이 자신의 결정에 달려있기 때문에 그렇게 하지 않는다. 게다가 어떠한 규칙도 정확하게 다 옳아 보이지는 않는다.[3]

당신은 신화에 따라 살고 있는가?

당신은 부모로서 울분, 죄책감, 좌절감, 분노의 감정에 끊임없이 시달리며 괴롭힘당하고 있는가? 당신은 자신의 정체성과 자기 가치에 대해 의문을 제기하고 있는가? 부모로서 당신의 신념과 기대치를 점검해보라. 당신은 부모역할 신화들의 희생자인지도 모른다. 아마도 당신은 우리가 논의한 세 가지 신화에서 당신의 모습을 발견할 수 있을 것이다. 이제 당신의 부모역할에 대한 신념을 재평가할 때다. 만일 그렇게 하지 않는다면, 당신은 부모역할로 인해 계속 탈진할 것이고 자녀를 싫어하게 될 것이다. 결국 당신은 자녀가 당신을 궁지에 빠뜨리기 위해 태어났다고 느끼게 될지도 모른다! 더 심각한 것은, 당신이 "내가 알 게 뭐야. 이젠 신경 쓰지 않겠어"라고 말하게 될지도 모른다는 것이다.

당신은 그렇게 느낀 적이 있는가? 만일 그랬다면, 당신은 거기에 어떻게 대처했는가? 바로 지금 당신에게 그런 일이 일어날 수 있으며, 당신의 미래에 그런 일이 일어날 수도 있다. 그러나 좋은 소식은 그것이 극복되고 예방될 수 있다는 것이다!

부모역할에 대한 당신의 신념은 무엇인가? 부모역할에 있어서 당신이 무엇을 믿는가는, 당신과 자녀의 의사소통 스타일을 결정할 것이고, 우리가 다음 장에서 논의할 의사소통의 문제들을 방지하도록 도울 것이다.

행복한 부모 되기 스터디 가이드

당신의 배우자, 신뢰하는 친구,
또는 당신이 속한 스터디 그룹과 함께 나누세요.

Q 당신의 부모역할은 이 장에서 토의된 신화들의 영향을 어느 정도로 받았는가? 각 신화가 당신에게 미친 영향의 정도를 나타내는 지점에 □로 표시하라. 각 신화가 당신의 배우자에게 미친 영향을 나타내는 지점에 ○로 표시하라.

☑ 신화 1 : 좋은 부모는 매일 자녀의 삶에 전적으로 관여한다

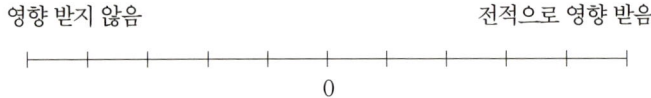

☑ 신화 2 : 자녀의 성패는 전적으로 부모에게 달려있다

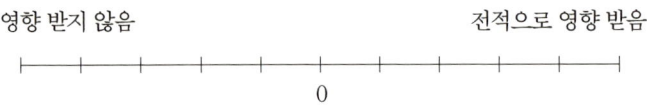

☑ 신화 3 : 부모역할은 전적으로 보람 있으며 늘 자녀로 인해 즐거울 것이다

Q 부모역할에 대한 당신의 신념을 기록하라. 부모의 관여, 책임, 보상 등 앞에서 논의한 세 가지 신화를 이제 당신이 새로이 믿는 것으로 바꾸어 표현하는 것부터 시작할 수도 있을 것이다.

☑ **부모역할에 대한 나의 신념**

1.

2.

3.

4.

5.

📖 note

1) From Mother Love, Mother Hate, Anne Grizzle ⓒ 1988 by Anne Grizzell & William Proctor. Reprinted by permission of Ballantine, A Division of Random House, Inc.
2) James C. Dobson, Parenting Isn't for Cowards(Dallas, Texas: WORD Incorporated, 1987), adapted from pp. 184,186.
3) Transformations. Copyright ⓒ 1978 by Roger Gould, M.D. Reprinted by permission of SIMON & SCHUSTER, INC.

2부

오염 없는 의사소통

유독성 언어 무기를 버리자

'1988년 알래스카, 프린스 윌리엄 만, 엑손 발데즈 호.' 이 단어들은 미국 역사상 최악의 환경사고를 우리에게 상기시켜준다. 거대 유조선이 110만 갤런의 원유를 만에 유출시킴으로써 1,200마일 이상의 해안선이 오염되었다. 그 유출은 천 마리 이상의 해달과 십만 마리 이상의 새, 150마리 이상의 대머리독수리의 죽음을 야기했다. 어업 손실은 10억 달러 이상에 달했다. 원유 유출의 여파는 앞으로도 몇 년간 우리와 함께할 것이다.

우리가 거주하는 도시에서도 오염은 발생했다. 수년 전 매립지에 생각 없이 투기된 유독성 물질들이 우리에게 그대로 되돌아와 우리를 괴롭히고 있다. 위험천만한 유독성 가스가 매립지 위에 건축된 집에 침투한 일로 마을 전체가 소개되기도 했다.

국제적 규모의 환경문제도 있다. 지금 강대국 사이에서는 전 세계에 절박한 위험을 초래하고 있는 핵무기 비축에 대한 논의가 오가고 있다. 어떤 무기들은 해체되거나 폐기되고 있으며 또 다른 무기들은 감축되고 있다.

우리의 세상이 위험천만한 오염, 독성, 무기의 문제를 겪고 있듯이, 우리의 가정 심지어 크리스천 가정도 그런 문제를 겪고 있다. 우리는 종종 우리가 사용하는 말로 서로에게 독을 뿜고 상처를 입히며, 특히 우리의 자녀에게 그렇게 한다. 당신은 말을 무기처럼 사용하는 부모님 밑에서 자라면서 자신은 자녀에게 그렇게 하지 않기를 원했을지도 모른다. 그러나 당신이 변화의 주체가 되어 그 양식을 깨뜨리고 예수 그리스도의 임재를 보여주는 건강한 의사소통 양식을 개발해내지 않는 한, 십중팔구 당신도 어떤 면에서 똑같은 양식을 반복할 것이다!

'언어 무기'는 해체되어야 한다

나는 우리가 자녀에게 상처를 주는 잔인하고, 신랄하고, 쓰라리고, 자존심을 건드리며, 비판적인 말들을 '유독성 언어 무기'라고 부른다. 그런 말들은 자녀의 정서를 오염시키고 상처를 줄 뿐 아니라 독을 퍼뜨리고 멸망시킨다. 우리의 말은 종종 자녀의 행동, 외모, 지능, 능력,

인간으로서의 가치를 공격하는 언어적 미사일로 발사된다.

야고보는 우리가 발설하는 말에 잠재적인 독성이 있음을 인식했다.

> 혀는 능히 길들일 사람이 없나니 쉬지 아니하는 악이요 죽이는 독이 가득한 것이라 이것으로 우리가 주 아버지를 찬송하고 또 이것으로 하나님의 형상대로 지음을 받은 사람을 저주하나니 한 입에서 찬송과 저주가 나오는도다 내 형제들아 이것이 마땅하지 아니하니라. 약 3:8-10

신체적 타격이 피부를 멍들게 하고 상처를 내듯이, 말은 사람의 내면을 멍들게 하고 상하게 한다. 그러나 우리는 내면의 상처와 멍을 보지 못하기 때문에 우리의 말이 초래하는 손상을 인식하지 못하는 경우가 많다. 심지어 언어의 공격이 멈춘 후에도 아이가 입은 정서적 손상은 성인이 될 때까지 지속된다. 당신의 어린 시절을 회상해보라. 유독성 언어 무기가 당신의 가정에서 사용되었는가? 당신은 부모, 형제자매, 친구의 공격적이고 독기 어린 말로부터 받은 상처를 아직도 품고 있는가?

직접적인 언어 학대
언어 학대는 직접적이고 공공연하며 명백할 수 있다. 예를 들어, 나는 어떤 부모가 자녀에게 어리석고, 덜떨어지고, 무가치하다고 말하는 것을 들었다. 또 나는 부모가 자녀에게 고통을 주는 멸시의 말을 하는 것을 들었는데, 가령 "넌 아무것도 못할 거야"라거나 "뭐라도 좀 제대로 하지 못하니?" 같은 것이다. 다음의 말들은 직접적인 언어학대의 형태다.

- "네가 그 기회를 날려버리지만 않았다면 친구들과 함께 갈 수 있었을 텐데."

    해석 : 이 부모는 자녀의 잘못된 행동을 상기시킴으로써 자녀를 학대하고 있다.

- "그래 집안에 갇혀있으니 재미있니? 굉장히 좋은 시간을 보내고 있는 것 같구나! 내가 더 자주 이렇게 해줘야겠군!"

    해석 : 자녀의 고통을 즐거워하는 것은 명백한 학대다.

- "접시를 하나씩 씻을 때마다 네가 얼마나 넌덜머리나는 녀석이었는지 기억해봐."

    해석 : 이런 언어 공격을 받은 자녀는 지난날의 실패를 떠올리며 상처를 받는다.

- "아무렴, 너는 차를 써도 되겠지. 네 형은 팔이 들러붙어서 차가 필요하지 않을 거야."

    해석 : 자녀의 등 뒤나 목전에서 깔보며 빗대어 말하는 것은 언어 학대다.

- "내 시계를 못 찾겠어! 너 그것도 훔쳐갔니?"

해석 : 이것은 이미 낙심하고 있는 자녀에게 또다시 말로 고통스러운 충격을 주는 것이다.

- "저리로 가서 저녁식사나 준비해! 넌 훈련이 필요해. 지금 네 속도로 한다면, 네가 고등학교를 졸업할 때쯤에야 가족들이 밥을 먹겠다. 졸업? 내가 졸업이라고 그랬나? 내 참! 그건 농담이었어!"

해석 : 이러한 말은 일종의 언어적 괴롭힘이다.

- "예, 어머니, 어머니의 손자가 또 술독에 빠졌어요. 저 애는 도무지 배우는 게 없어요. 이번엔 학교까지 빼먹고 술에 취했다니까요."

해석 : 수치스러운 일을 드러내는 것은 또 다른 형태의 언어 학대다.

간접적인 언어 학대

어떤 형태의 언어 학대는 보다 미묘하지만, 다른 것 못지않게 상처를 준다. 간접적 학대의 형태로 가장 잘 알려진 것들은 비꼼, 짓궂은 놀림, 농담으로 가려진 은근한 멸시다. 어린아이는 종종 이런 형태의 언어 학대와 진실을 구별하지 못한다. 그 결과 아이의 방어기제가 무너진 사이에 노출된 자존감은, 오랫동안 햇볕을 받으며 놀 때 등에 화상을 입듯 타들어간다.

어떤 부모는 자녀에게 잔인한 말을 하고 난 다음에 "그저 농담이었어"라고 말하면서 교묘히 궁지를 벗어나려 한다. 이러한 부모는 유머를 사용하여 자녀를 찔러보고, 종종 자녀를 농담의 과녁으로 삼는다. 그들은 자녀와 함께 웃는 것이 아니라 자녀를 웃음거리로 삼는 일의 전문가다. 그들은 자녀의 성격, 능력, 약점 등에 대해 공개적으로 농담함으로써 자녀를 흠잡는다.

한 아버지가 자기 자녀에 대해 이렇게 말했다. "제 아들은 미식축구 하는 것을 좋아하죠. 그렇지만 그 애처럼 미식축구를 하는 사람은 결코 본 적이 없으실 겁니다. 그건 미식축구라기보다는 야구 같아 보이거든요." 재미있게 하려는 시도마다 (종종 그 결과는 실패이지만) 아버지는 자녀의 마음에 독화살을 쏜다. 유머를 가장한 비판은 유독성 언어 무기를 사용하고 있는 것이다. 잠언에서는 이런 행동양식에 대해서 말씀한다.

> 횃불을 던지며 화살을 쏘아서 사람을 죽이는 미친 사람이 있나니 자기의 이웃을 속이고 말하기를 내가 희롱하였노라joking 하는 자도 그러하니라. 잠 26:18-19

판단하는 말

이제 부모의 무기고에서 발견되는 좀더 흔한 유독성 언어 무기들 중 하나를 살펴보자. 그것은 판단하는 말이다. 부모는 자녀를 통제하기 위해 판단하는 태도로 말한다. 그러나 그러한 말은 보통 낙담과 실의를 가져오거나, 부모가 변화시키기 원하는 특성을 오히려 강화시키기도 한다. 당신이 판단의 총을 발사하면 자녀는 비난과 책임추궁의 과도한 짐을 지게 되고, 그 결과 자신을 부모와 자기 자신에게 용납될 수 없는 존재로 느끼게 된다.

낮추어보는 것은 판단하는 형태의 말 중 가장 큰 피해를 준다. 당신이 자녀의 행동, 감정, 생각, 성과를 경시할 때, 자녀는 무시당한다. 이것은 자녀에게 "너의 감정은 쓸모 없어. 너의 생각도 행동도 쓸모 없어"라는 의미를 시사한다. 이 메시지의 핵심은 정서적인 시한폭탄과 같은 것으로 "너는 쓸모 없는 인간이야"라는 것이다.

당신이 자녀를 경시할수록 자녀는 여러 가지 방법으로 당신에게서 멀어질 것이다. 그는 당신의 말에 귀 기울이지 않을 수도 있고, 말문을 닫고 중요한 얘기는 절대 나누지 않거나, 확연히 드러나지 않게 당신에게 반격할 수도 있다.

탓하는 것은 판단하는 유독성 언어 무기의 또 다른 형태다. 나는 부모들이 자신의 행동에 대한 책임을 회피하기 위해 이 방법을 사용하는 것을 보아왔다. 그들은 자신들의 문제나 감정적 격발 상태를 자녀 탓으로 돌린다. 당신 자신이나 다른 부모가 자녀에게 이렇게 말하는 것을 아마도 들어보았을 것이다.

- "너는 내 속을 뒤집어놓는구나."
- "네 행동은 나를 죽도록 괴롭혀."
- "날 화나게 하지 마."

이 말의 실제 의미는 "네가 아니었다면, 그 일은 일어나지 않았을 거야. 이건 네 책임이야"라는 것이다. 삶과 인간관계를 어른만큼 이해하지 못하는 어린아이가 어떻게 그런 비난의 말을 감당할 수 있겠는가?

때로 어떤 부모는 자녀가 하긴 했지만, 더 잘했을 수도 있는 일에 대해 자녀를 비난한다. 부모는 '했어야 했다' 또는 '하지 말았어야 했다'라는 말로 자녀를 공격한다.

- "내가 말한 방법대로 했어야지."
- "더 빨리 했어야지."
- "좋은 옷을 입고 밖에 나가지 말았어야지."
- "이 집에서는 절대로 그렇게 하지 말았어야 해."

부모의 지적이 타당할 수도 있다. 그러나 '해야 한다'는 말은 종종 비난의 무기로 작용하여 자녀에게 상처를 입히고, 부모가 고쳐주려 하는 행동이나 태도를 오히려 강화시킨다. 당신의 목적은 자녀의 잘못된 행동을 유지시키는 것이 아니라, 당신이 자녀에게 바라는 일에 자녀도 초점을 맞추도록 돕는 것이다. 그러므로 '했어야 한다', '하지 말았어야 한다'라는 말 대신, 긍정적인 인상을 남기도록 이렇게 바꾸어 말하라. "네가 한 일을 고맙게 생각한다. 다음 번에는 이렇게 해볼 수도 있을 거야."

흠잡기

가장 파괴적인 언어 학대는 흠잡기다. 이것은 판단의 또 다른 형태다. 흠잡는 부모는 자녀의 결점을 지적하려는 만족할 줄 모르는 욕구를 지닌 것 같아 보인다. 그들은 항상 비판적인 눈으로 자녀를 보며, 자녀가 하거나 하지 않은 것, 말하거나 말하지 않은 것, 미래에 할지도 모르는 것이나 하지 않을지도 모르는 것을 지적한다. 그들은 사소한 과실이나 결점까지도 재빨리 폭로하고 지적한다. 흠잡는 습관을 고치도록 권면받는 부모는 종종 방어적인 반응을 보이며 "후에 그 아이의 인생에 있을 고통스러운 과오에서 구해주려는 것뿐이에요"라고 말한다. 그러나 철저한 비판과 지적으로 인해 자녀가 받는 고통은 그 유익을 능가하는 경우가 많다.

흠잡는 부모는 흔히 완벽주의자이며, 자녀가 완벽해야 한다는 비현실적인 기대를 고수한다. 그러다가 자녀가 기대를 충족시켜주지 못하면 부모의 언어적 공격과 압력이 촉발된다. 불행히도 종종 자녀는 완벽하려는 시도에 실패한 부모의 희생양이 된다. 자녀는 완벽함을 요구하는 부모의 기대에 도달하지 못하기 때문에 종종 늦장을 부리는 사람이 된다. 엄마, 아빠의 기대만큼 완벽하게 하지 못할 것이라는 두려움 때문에, 자녀는 비난받을 것이 뻔한 그 행동을 뒤로 미룬다. 행동을 미루면 미룰수록 자녀는 실행의 압박감에 더 눌린다. 곧 그 아이는 자신이 완벽하지 않다는 사실 때문에 꼼짝할 수 없게 되고 결국 그 행동을 포기해버린다.

흠잡기가 항상 말로 이뤄지는 것은 아니다. 조소의 눈빛, 눈살을 찌푸린 표정, 책망하는 제스처 역시 불쾌함을 시사한다. 비언어적 경멸은 종종 어린아이가 해석하기에 어렵다. 부모가 짜증스럽게 딱딱거리며 "넌 마당에 있는 장난감들을 아직도 안 치웠구나"라고 하면 아이는 무엇이 문제인지 알 수 있다. 그러나 아무 설명 없이 화난 얼굴을 하거나 묵묵부답으로 대하는 것은 자녀를 어리둥절하게 만든다. 침묵은 역기능 가정에서 사용되는 전형적인 형태의 통제, 처벌, 비난의 수단이다. 하나님이 우리를 가족으로 만나게 하신 것은 침묵하게 하기 위해서가 아니라 서로 의사소통하기 위해서다.

흠잡기의 결말

부모와 자녀 관계에서 흠잡기가 파괴적인 이유는 다음과 같다.

- 흠잡기는 자녀의 마음에 깊은 상처를 준다. 끊임없는 언어적, 비언어적 비판은 "나는 네 인생 중, 지금 이 시간의 너를 받아들이지 않겠어. 너는 기준에 도달하지 못하고 있어. 네가 기준에 도달할 때까지 나는 너를 받아들일 수 없어"라는 말로 들린다. 25년 이상의 상담을 통해 나는 수많은 사람이 고통 가운데 "제가 어렸을 때, 부모님이 제게 하신 비난은 저를 갈가리 찢어놓았어요. 저는 결코 용납된다고 느껴보지 못했고, 아직까지도 누군가가 제게 훌륭하다고 말해주기를 기다리고 있어요"라고 울부짖는 것을 들어왔다.

- 흠잡기는 부모에게도 상처를 입힌다. 상처 입은 자녀는 겁먹거나 화가 난 나머지 노골적으로 혹은 은근히 부모를 멀리하거나, 적개심을 품거나, 공격적이 됨으로써 부모에게 보복한다.
- 흠잡기는 자녀를 온전히 변화시키지 못한다. 부모의 비난에 대한 반응으로 자녀가 행동을 바꾸는 것처럼 보이지만, 자녀의 마음은 거의 바뀌지 않는다. 어떤 자녀는 겉으로만 순응함으로써 반항적인 태도를 은폐할 뿐이다.
- 흠잡기는 전염된다. 흠잡는 부모는 자녀에게 편협한 모습을 몸소 보여주며 가르치는 것이다. 따라서 자녀는 자신과 타인에 대해 비판적이고 작은 잘못도 용납하지 않게 된다.
- 흠잡기는 부정적인 특징과 행동을 더 두드러지게 한다. 당신이 자녀의 실수나 무책임한 행동에 과도한 관심을 보이면, 그것들을 없애는 대신 강화하기가 쉽다.

W. 리빙스톤 러니드Livingston Larned가 자신의 아들에게 쓴 다음의 글은 비판적인 말의 부정적인 효과를 잘 설명해준다.

아버지는 널 소홀히 했다

아들아, 땀에 젖은 이마에 금발 곱슬머리가 붙은 채 작은 손을 뺨 밑에 깔고 잠든 너의 곁에서 나는 얘기한다. 나는 혼자 네 방으로 살짝 들어왔단다. 방금 전 서재에 앉아 신문을 읽고 있을 때 내 마음은 자책감에 휩싸였었지. 그래서 나는 죄책감을 느끼며 너의 침대 곁으로 왔단다.

아들아, 나는 여러 가지 생각을 했어. 나는 너에게 가혹했어. 네가 학교에 가려고 옷을 입고 있을 때 나는 네가 얼굴을 수건으로 잘 닦지 않았다고 꾸지람했어. 또 네가 신발을 닦지 않았다고 야단쳤지. 그리고 네가 소지품 몇 가지를 바닥에 떨어뜨렸을 때 화가 나서 소리쳤어.

아침식사 시간에도 나는 연신 너를 흠잡았어. 넌 음식을 엎지르며 흘렸고, 게걸스럽게 먹어댔고, 팔꿈치를 탁자 위에 괴었고, 빵 위에다 버터를 너무 많이 발랐어. 너는 놀러 나가고 나는 기차를 타기 위해 집을 나올 때 너는 내게 손을 흔들며 "아빠, 안녕!"이라고 말했지만 나는 인상을 찌푸리며 "몸가짐 잘 해!"라고 말했지.

그리고 오후 늦게부터 모든 게 다시 시작되었어. 나는 집을 향해 걸어오다가 너를 발견하고 몰래 살펴보았는데, 너는 무릎을 바닥에 꿇고 구슬치기를 하고 있었어. 바닥에 닿은 네 긴 양말에는 구멍이 나 있었지. 나는 네 친구들이 보는 앞에서 너를 앞세우고 집으로 데려가면서 너를 부끄럽게 했어. "긴 양말은 비싸. 네가 만약 직접 양말을 사서 신었다면 훨씬 조심했을 텐데!"라고 말한 거야. 아들아, 아빠인 내가 그런 말을 하다니!

내가 서재에서 신문을 읽고 있을 때, 네가 얼마나 겁나고 상처받은 표정을 눈 속에 담고 들어왔는지 기억하니? 신문 읽기를 방해받은 것에 좀 짜증이 나서 흘끗 너를 바라보자 너는 문 앞에서 머뭇거렸지. "뭘 원하는 거야?"라고 나는 잘라 말했어. 너는 아무 말도 하지 않고 뛰어오더니 질풍처럼 몸을 던져 내 목에 팔을 두르며 입 맞추었고, 하나님이 네 가슴속에 활짝 피어나게 하신, 무시를 당해도 시들 수 없었던 애정을 담아 네 작은 팔로 나를 꼭 안아주었지. 그리고 나서 너는 가버렸고 계단을 콩콩 울리며 이층으로 올라가는 발소리가 들려왔어.

그런데 아들아, 바로 그 후에 내 손에서는 신문이 스르르 떨어졌고 무섭도록 섬뜩한 두려움이 나를 휩쌌단다. 나는 그동안 너를 어떻게 대해왔단 말인가! 너는 단지 어린 남자아이의 모습이었던 것뿐인데 나는 그런 너를 흠잡고 질책했지. 그건 너를 사랑하지 않아서가 아니라, 너무 많은 기대를 했기 때문이었어. 나는 어른의 기준으로 너를 재고 있었단다.

사실 네게는 착하고 훌륭하고 진실한 성품이 참으로 많아. 너의 마음은 높은 산등성이를 감싸 안는 새벽 여명처럼 넓지. 네가 자발적인 충동으로 뛰어들어와 내게 저녁 입맞춤을 한 것이 그것을 보여주었단다. 아들아, 오늘 밤 다른 어떤 것도 중요하지 않아. 나는 어둠 속에서 네 침대 옆에 무릎을 꿇고 용서를 빈다. 이런 내가 정말 부끄럽구나.

네가 깨어서 이런 말을 들었다면 아마 이해하지 못하리라는 것을 나는 알아. 그러나 내일 나는 진짜 아빠가 될 거야! 나는 네 친구가 될 거고, 네가 괴로워할 때 같이 괴로워하고, 네가 웃을 때 같이 웃을 거야. 성급한 말이 나오려 할 때마다 나는 입술을 깨물 거야. 나는 마치 의식을 치르듯 "넌 그저 아이일 뿐이야. 나의 사랑하는 아들!"이라고 계속해서 말할 거야!¹⁾

흠잡기의 해독제

어떻게 하면 흠잡는 말과 행동의 파괴성을 만회할 수 있는가? 당신의 자녀를 무조건적으로 사랑하기를 배움으로써 그렇게 할 수 있다. 몇 년 전에 나는 로스 캠벨Ross Campbell 박사의 무조건적 사랑을 위한 지침을 접하게 되었다. 몇 년간 나는 그 내용을 다른 부모들과 나누었다. 그것은 당신에게도 유용할 것이다.

나는 "자녀의 행동이 어떠하든, 또 자녀의 다른 것들이 어떠하든 아무 상관없이 늘 그들을 사랑합니다"라고 말할 수 있기를 얼마나 바라는지 모른다. 나는 아직 그렇지 못하지만, '자녀를 무조건적으로 사랑한다'는 놀라운 목표에 도달하려고 애쓰고 있다. 그리고 그 방법은 다음의 사항을 내 자신에게 늘 상기시키는 것이다.

- 그들은 아직 어리다.
- 그들은 어린아이답게 행동할 것이다.
- 어린아이의 유치한 행동은 불쾌하다.
- 만일 내가 부모로서 내 역할을 다하고 그들의 유치한 행동에도 불구하고 그들을 사랑한다면, 그들은 성숙해가며 유치한 행동을 버릴 수 있을 것이다.
- 만일 그들이 나를 기쁘게 할 때에만 그들을 사랑하고(조건적 사랑), 그럴 때에만 나의 사랑을 그들에게 전달한다면, 그들은 진실하게

사랑받는다고 느끼지 못할 것이다. 이것은 그들을 불안정하게 하고, 그들의 자아상에 상처를 줄 것이며, 결국 그들이 더 나은 자제력을 갖고 더 성숙한 행동에 이르는 것을 막을 것이다. 그러므로 그들의 행동과 발달상황은 그들의 책임인 동시에 나의 책임이기도 하다.

- 만일 내가 아이들을 무조건적으로 사랑한다면, 그들은 자신에 대한 긍정적인 인식과 편안함을 느낄 것이다.
- 만일 나의 요구와 기대를 충족시킬 때에만 아이들을 사랑한다면, 그들은 언제나 스스로 부족하다고 느낄 것이다. 그들은 아무리 최선을 다해도 절대로 완벽할 수 없으므로 최선을 다하는 것은 헛수고라고 믿을 것이다. 불안정감, 염려, 낮은 자존감이 그들을 괴롭힐 것이다. 그들의 정서발달과 행동발달은 끊임없이 장애를 겪을 것이다. 따라서 그들의 전인적인 성장은 그들의 책임인 동시에 나의 책임이기도 하다.
- 힘들게 애쓰는 부모인 나를 위해서나, 자녀를 위해서나, 나는 자녀에 대한 나의 사랑이 가능한 한 무조건적이기를 기도한다. 자녀의 미래는 이 기반에 달려있기 때문이다.[2]

물론 우리는 건설적인 지도(나는 비난을 이렇게 표현한다)를 해야 할 때가 있다. 크리스천 부모로서 당신은 자녀를 지도하고, 가르치고, 바르게 하고, 훈육할 필요가 있다. 심지어 당신은 자녀의 거짓말, 도둑질, 돈의 남용, 위험한 운전 등의 무책임한 행동에 정면으로 대처해야 할지도 모른다. 그러나 당신이 지도하는 방법에 따라 자녀가 그것을 어떻게 받아들이는가가 완전히 달라진다! 부정적이고 흠잡는 식의 정죄는 자녀의 내적 성장을 저해시킨다. 게다가 정죄는 성경적이지 않다. 예수님은 이렇게 말씀하셨다.

> 비판을 받지 아니하려거든 비판하지 말라 너희가 비판하는 그 비판으로 너희가 비판을 받을 것이요 너희가 헤아리는 그 헤아림으로 너희가 헤아림을 받을 것이니라. 마 7:1-2

바울은 이렇게 기록했다.

> 그런즉 우리가 다시는 서로 비판하지 말고 도리어 부딪칠 것이나 거칠 것을 형제 앞에 두지 아니하도록 주의하라. 롬 14:13

건설적인 지도를 포함하여, 자녀와 우리의 모든 의사소통은 양육적이고 북돋아 주는 것이어야 한다. 양육적인 의사소통은 사랑과 신뢰의 관계를 조성한다. 양육적인 말은 세워주고, 지지해주고, 격려해주고, 관심을 표현하는 것이다. 흠잡는 부모 밑에서 자란 자녀는 부정적인 감정의 포로가 된다. 그러나 격려하는 분위기 속에서 자란 자녀는 정서적으로 발달할 수 있도록 자유로우며 하나님의 은혜를 체험할 수 있는 열린 상태가 된다.

다음은 부모에게 격려받으며 양육된 사람들의 이야기다.

- "아빠는 제 감정을 이해해주셨어요. 그리고 저를 이해하지 못할 때에도 결코 저를 무시하지 않으셨어요."
- "엄마는 제 이야기를 듣고 판단하지 않으셨어요. 엄마는 저를 있는 모습 그대로 받아주셨어요."
- "아빠는 제가 언제나 성공할 거라고 생각하셨어요. 제가 저 자신을 믿지 않을 때조차 아빠는 저를 믿으셨어요."
- "저는 많은 격려를 받았어요. 제가 뭔가 잘못했을 때, 아빠는 제가 그러한 잘못을 반복하리라고 스스로 느끼게 하지 않으셨어요. 아빠는 제가 변화될 수 있다고 믿으셨어요!"
- "엄마는 저와 많은 시간을 함께 보냈는데 그것은 충고를 하기 위해서가 아니라, 그저 저와 얘기를 나누기 위해서였어요. 그리고 엄마는 제가 문제를 스스로 해결할 수 있게 도와주셨어요."
- "우리 가족은 치어리더 같아요. 제가 여러 번 가족들에게 상처를 주고 그들을 실망시켰다는 것을 저도 알아요. 그러나 가족들은 언제나 저와 함께하며 저를 지지해주었어요."
- "저는 가족들에게서 무시당하는 말을 한 번도 들어본 적이 없는 것 같아요."

당신의 언어 무기고를 해체하라

아마도 당신은 이렇게 생각할 것이다. "좋아요, 노먼. 당신의 말이 무엇인지 알겠어요. 그러나 저는 여전히 아이들 때문에 좌절할 때가 있어요. 저는 아이들이 제게 신경 써주기를 바라고, 그들이 올바르게 되기를 원해요. 어떻게 하면 저의 의사소통을 학대적인 것에서 북돋아 주는 것으로 바꿀 수 있을까요?"

당신이 도움을 요청했다는 것은 이미 첫 번째 단계를 밟았다는 뜻이다. 어떤 변화를 이루려면, 먼저 변화의 필요성을 인정해야 한다. 올바른 길에 들어선 것을 축하한다!

두 번째 단계는 당신이 사용하고 있는 학대의 유형이 무엇인지 명확히 파악하는 것이다. 그것을 돕기 위해 제안하는 것은 내 상담실에 찾아온 수많은 부모에게 이미 요청했던 것으로서, 당신이 가정에서 가족들과 나누는 대화를 녹음하라는 것이다. 식사시간, 가족이 대화를 시작할 때, 그밖에 가족이 함께 있는 경우에 녹음기를 틀어두어라. 처음 몇 분 동안은 식구들이 그것을 의식하겠지만 곧 모두가 녹음기에 대해서는 잊어버리고 보통 때와 같이 서로 대화하기 시작할 것이다.

여러 번의 대화를 녹음한 후에 그 내용을 들어보아라. 녹음 내용을 들을 때, 다른 식구들이 사용하는 언어 무기에 대해 판단하려 하지 말고, 자신의 의사소통 유형에 초점을 맞춰라. 녹음기에서 나오는 당신의 학대적인 말을 기록하고 당신이 사용하는 유독성 언어 무기의 종류(빈정거림, 흠잡기, 탓하기, 경시하기 등)를 정리하라.

세 번째 단계는 성경의 지침을 당신의 의사소통에 접목시키기 시작하는 것이다. 그 실제적인 방법들은 다음과 같다.

- 의사소통에 관한 다음의 잠언 구절을 각각 다른 카드에 기록하라. (10:19, 12:18, 14:29, 16:24, 17:9, 19:11, 29:20)
- 각 카드의 뒷면에 당신이 그 구절에 어떻게 따를 것인지 써라. 구체적이고 개인적으로 기록하되, "나는 ~할 것이다"라는 식으로 표현하면 좋을 것이다.
- 향후 30일간 그 카드들을 가지고 다니면서 각 구절과 진술을 매일 여러 번 소리내어 읽어라. 30일이 끝날 때쯤이면 십중팔구 당신은 구절들을 대부분 암송했을 것이고 그 개념들을 당신의 의사소통에 접목시키기 시작했을 것이다.

내가 발견한 바에 따르면, 이 과정에 당신의 배우자나 신뢰하는 친구를 포함시키는 것이 도움이 된다. 주위 사람에게 당신이 무엇을 하고 있는지 말하고, 당신이 쓴 글을 그들에게 읽어주며, 당신이 그것을 책임지고 실행할 수 있도록 점검해주기를 요청하라.

또 제안하는 것은 부모-자녀 의사소통의 성장과정 일기를 쓰라는 것이다. 당신의 태도, 감정, 의사소통의 진보를 매일 기록하라. 모든 기재사항은 긍정적이어야 하며, 문제나 실패를 자세히 기록하지 말라. 당신이 어떻게 변화되고 있으며 자녀가 당신의 변화에 어떻게 반응하는지를 기록하라. 당신의 반응을 배우자나 다른 신뢰하는 친구와 함께 나누라. 주말마다 일기를 처음부터 다시 읽으라. 일단 한 달 동안 충실히 일기를 기록하고 난 후, 또 한 달 동안 그것을 계속할 것인지 결정하라.

당신이 의사소통에서 유독성 언어 무기를 사용할 때, 당신은 자녀와 대립하고 있는 것이다. 그러나 당신의 말이 북돋움과 격려로 가득할 때, 당신은 자녀와 함께 서 있는 것이다. 데살로니가전서 5장 11절은 "그러므로 서로 권면하고 피차 서로 덕을 세우기를 너희가 하는 것같이 하라"고 말씀한다. 자녀에게 필요한 것은 부모가 자녀의 잠재력을 믿어주는 것이다. 당신의 자녀를 믿어라. 자녀가 가진 자원에 초점을 맞춤으로써 자녀의 자존감, 자신감, 가치감을 세우라. 하나님이 당신의 자녀를 바라보시는 관점을 당신의 자녀가 알 수 있게 도와주라. 자녀의 재능을 살펴서 자녀가 자신의 고유성, 은사, 잠재성을 발견하도록 도와주라. 그 결과, 당신은 자녀가 당신이 원하는 방식대로 반응하는 것을 보게 될 것이다. 이렇게 할 때 손해볼 것이 무엇이 있겠는가?

행복한 부모 되기 스터디 가이드

당신의 배우자, 신뢰하는 친구,
또는 당신이 속한 스터디 그룹과 함께 나누세요.

Q 자녀와 어떤 상황에 있을 때, 당신이 변화되기 원하는 언어적 학대가 촉발되는가? 당신이 언어적 무기를 사용할 때 당신의 자녀는 어떻게 반응하는가?

Q 당신은 자녀에게 유독성 언어 무기를 사용한 적이 있는가? 아래의 각 무기를 자녀와의 의사소통에서 얼마나 자주 사용하는지 표시하라.

☑ 빈정거림

전혀 없다   거의 없다   가끔   자주   매우 자주

☑ 상처를 주는 짓궂은 말

전혀 없다   거의 없다   가끔   자주   매우 자주

☑ 미묘한 무시

전혀 없다   거의 없다   가끔   자주   매우 자주

☑ 자녀의 잘못된 행동을 상기시킴

전혀 없다   거의 없다   가끔   자주   매우 자주

☑ 자녀가 징계당하는 것을 즐거워함

　　전혀 없다　　거의 없다　　가끔　　자주　　매우 자주

☑ 자녀의 실패를 상기시킴

　　전혀 없다　　거의 없다　　가끔　　자주　　매우 자주

☑ 자녀를 깔보며 빗대어 말함

　　전혀 없다　　거의 없다　　가끔　　자주　　매우 자주

☑ 이미 낙심한 자녀에게 다시 말로 충격을 줌

　　전혀 없다　　거의 없다　　가끔　　자주　　매우 자주

☑ 말로 괴롭힘

　　전혀 없다　　거의 없다　　가끔　　자주　　매우 자주

☑ 자녀의 수치수러운 일을 떠벌림

　　전혀 없다　　거의 없다　　가끔　　자주　　매우 자주

☑ 경시

　　전혀 없다　　거의 없다　　가끔　　자주　　매우 자주

☑ 탓하며 비난하기

　　전혀 없다　　거의 없다　　가끔　　자주　　매우 자주

☑ 흠잡기

　　전혀 없다　　거의 없다　　가끔　　자주　　매우 자주

Q 당신은 자녀에게 어떤 종류의 태도나 마음가짐을 갖기 원하는가? 태도는 선택이다. 당신이 개발하기 원하는 마음가짐 옆에 플러스 표(+)를 하고, 바람직하지 않은 마음가짐 옆에 마이너스 표(−)를 하라.

☑ 자녀를 기분 나쁘게 하려는 마음가짐

☑ 자녀를 위축시키는 마음가짐

☑ 훈육하고, 치유하고, 용서하고, 화해하는 마음가짐

☑ 자녀에게 보복하는 마음가짐

☑ 자녀에게 자신이 얼마나 나쁜 아이인지 확신시키는 마음가짐

☑ 내가 자녀를 얼마나 믿는지를 자녀에게 확신시키려는 마음가짐[3]

📖 note

1) How to Win Friends and Influence People Copyright ⓒ by Dale Carnegie. Renewed ⓒ 1964 by Donna Dale Carnegie and Dorothy Carnegie. Reprinted by permission of SIMON & SCHUSTER, INC.
2) D. Ross Campbell, M.D., How to Really Love Your Children(Wheaton, IL: Victor Books, 1977), pp. 30,31. Used by permission.
3) Buddy Scott, Relief for Hurting Parents(Nashville: Oliver-Nelson, a division of Thomas Nelson Publishers, 1989), adapted from p. 84.

의사소통에서
좌절하지 않는 방법

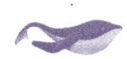

내가 딸 셰릴과 함께 경험한 결코 잊지 못할 사건이 있는데, 그 사건은 정말로 내게 중요한 교훈을 가르쳐주었다. 어느 날 나는 차고에서 새로 산 가재도구 하나를 조립하려 애쓰고 있었다. "애썼다"라고 말할 수밖에 없는 것은 내가 기계를 다루는 데 취미가 없기 때문이다. 뭔가를 조립해야 할 때면 나는 서투르기 짝이 없다. 게다가 그 도구의 조립 안내서는 혼란스러울만큼 복잡했고, 공장에서 포장할 때 나사못 두 개와 너트 하나가 빠져있기까지 했다. 나는 좌절하고 화가 나서 마음속으로 불평하기 시작했다.

바로 그때 셰릴이 차고로 걸어 들어오더니 무엇을 하고 있냐고 내게 물었다. 나는 "뭘 하고 있는 것 같니?"라고 화난 목소리로 말했다. "나는 이 바보 같은 것을 조립하려고 애쓰는 중이야. 이 안내서는 중국말로 쓰여있는 것처럼 알아볼 수가 없고, 공장에서는 어떤 바보가 나사못과 너트의 개수도 제대로 셀 줄 몰랐어."

그때 갑자기 셰릴이 "아빠" 하고 불러 나의 공격적인 독설을 중단시켰다. "그걸 조립하지 못해 속상하다고 해서 저에게 화를 퍼붓지 마세요." 그리고 나서 셰릴은 돌아서더니 빠른 걸음으로 집에 들어가 버렸다. 나는 깜짝 놀라 입을 멍하니 벌린 채 그 자리에 앉아있었다.

셰릴이 옳았다! 나는 아주 간단한 일 하나 때문에 좌절되었고, 그 좌절감은 끓어올라 분노가 되었으며, 그 분노를 거친 말로 셰릴에게 터뜨리면서 그 도구의 생산자에게까지 욕을 한 것이다. 나는 내 반응에 부끄러움을 느꼈고 후에 나의 성급하고 분노 섞인 말에 대해 셰릴에게 사과했다.

당신도 나와 같은 경험을 한 적이 있는가? 좌절과 분노에 휩싸여 상처 주는 말을 쏟아부은 다음 후회하는 것이 어떤 것인지 당신은 잘 알 것이다. 종종 당신의 자녀는 당신의 가장 깊은 좌절감의 원천이 되고 당신의 성난 말의 표적이 된다. 예를 들어, 당신은 자녀에게 깨끗한 식탁보 위에 초코 우유를 엎지르지 말라고 얘기했을 수 있다. 그런데 몇 분 후 당신은 딸이 식탁에서 "어떡해, 죄송해요, 엄마!"라고 외치는 소리를 듣는다. 돌아보니 초코 우유가 식탁보 위에 쏟아져 밑에 깔려있는 깨끗한 카펫 위에 폭포처럼 떨어지고 있다. 그 순간 초인종이 울리며 저녁식사에 초대한 손님들이 도착한다. "앨리슨,

너처럼 얼빠진 애는 본 적이 없어!" 당신은 감정을 폭발시키며 딸을 의자에서 끌어내리고, 키친타월에 손을 뻗으면서 "네 방으로 가서 잠잘 준비나 해!"라고 외친다.

흔히 작은 한 가지 사건으로도 충분히 방아쇠가 당겨지고 그로 인해 아드레날린이 분출된다. 당신은 이를 악물고 주먹을 움켜쥔다. 근육은 긴장되고 등이 곧추 세워지며 심장박동은 더 빨라진다. 당신은 몸을 도사리고 당장이라도 튀어나갈 듯한 자세가 된다.

얼마 동안 당신은 폭발하지 않으려고 애쓴다. 당신은 마음을 가다듬어야 한다는 것을 잘 알고 있다. 그러나 자녀가 당신의 지시를 등한시하기를 계속하던 어느 순간, 갑자기 당신은 자녀를 흠잡으며 비판하는 말을 쏟아내기 시작한다. 그 말은 자녀의 마음을 총알처럼 관통하여 상처를 입히고 그 영혼을 억압한다. 당신도 자신이 자녀에게 상처를 입히고 있다는 것을 얼마간 인식하기는 하지만, 당신의 입은 이미 톱니바퀴가 맞물려 돌아가듯 작동하기 시작했고, 당신도 원하지 않는 날카로운 말들이 좔좔 흘러나오고 있다.

좌절, 분노, 상처 주는 말. 불행히도 자녀가 잘못된 행동을 하거나, 짜증 나게 하거나, 기대수준에 도달하는 삶을 살지 못할 때, 우리는 너무 자주 이 세 단계를 밟는다. 그러나 나는 당신에게 좋은 소식을 전한다. 그렇지 않을 수 있다! 물론 당신의 신경을 긁어놓는 자녀의 행동을 항상 막을 수는 없을지 모른다. 그러나 자녀의 심령을 상하게 하는 말을 쏟아대는 연쇄적 반응은 막을 수 있다.

이 과정을 권총 발사와 비교해보자. 방아쇠를 당기면 공이탄환의 뇌관을 쳐 폭발하게 하는 총포의 한 부분가 내관 안의 화약에 불을 붙이고 화약이 폭발하여 총알이 목표물을 향해 발사된다. 그런데 만일 공이를 제거하면 방아쇠가 당겨져도 권총이 발사되지 않을 것이고 아무도 총에 맞지 않을 것이다. 좌절감은 공이와 같다. 자녀의 태도나 행동이 당신의 방아쇠를 당길 수는 있지만, 좌절감이 분노를 점화시키기 전에 처리된다면, 상처 주는 말들을 쏟아내며 폭발하는 것을 막을 수 있다. 이번 장은 당신의 좌절감이 자녀와의 의사소통을 오염시키기 전에, 그것을 해결하는 방법에 대해 다룰 것이다.

좌절감을 어떻게 해소할지는 당신의 선택에 달려있다

좌절감은 미해결 문제나 욕구불만에서 비롯된 불안정하고 불만족스러운 감정이다. 당신이 부모로서 경험하는 좌절을 몇 가지 살펴보자.

- 때로 자녀가 문제를 일으키거나 당신의 기대를 충족시키지 못하거나 당신의 욕구불만을 노출시킬 때 당신은 짜증 나고, 낙심하고, 좌절된다.
- 좌절감은 정상적인 반응이다. 그러나 어느 정도로 좌절할 것이며 좌절에 어떻게 대처할 것인지는 당신의 선택이다.
- 분노 역시 정상적인 반응이다. 하나님은 분노를 경험할 수 있게 우

리를 창조하셨다. 그러나 자녀에 대한 분노를 어떻게 다룰 것인지, 특히 자녀와 의사소통할 때 분노를 어떻게 다룰 것인지는 부모인 당신에게 달려있다.
- 당신의 좌절감과 분노를 받아들이고 인정하는 것이 건전하다. 부인하거나 억압하는 것은 더 큰 재난을 불러올 수 있다.

사람들은 대부분 좌절감과 분노를 경험할 때 몇 가지 부정적 방법으로 반응한다. 어떤 사람은 폭발하여 파괴적인 언행으로 분노를 발산시킨다. 그래서 주변 사람들이 폭발의 열기를 감지하게 된다. 폭발은 직접적인 언어 공격의 형태를 취할 수도 있고 간접적이고 비언어적인 험악한 표정일 수도 있다.

어떤 사람은 자신들의 분노를 억압하고 내면화한다. 폭발하여 다른 사람에게 상처를 주는 대신, 모든 분노를 내면에 끌어안고 자기 자신에게 상처를 준다.

또 다른 사람은 소극적, 공격적 방법으로 분노를 표현하는데, 그것은 사랑하지 않기, 냉대하기, 사람들 앞에서 멸시하기 같은 것이다. 이렇게 표현된 분노는 간접적이고 미묘하지만, 파괴력은 동일하다.

긍정적인 반응이 가능하다

사람들은 좌절감이 무조건 분노로 표현된다고 생각한다. 그러나 그것은 신화에 불과하다. 부모로서 좌절감을 경험하더라도 격노하여 상처 주는 말로 자녀에게 해를 입히지 않는 것이 가능하다. 좌절감은 태도, 생각, 선택의 문제다. 좌절감 극복 분야의 전문가인 한 심리치료사의 말을 심사숙고해보자.

수많은 좌절이 우리가 생각하는 것보다 훨씬 더 쉽게 용납될 수 있다. 자녀가 저녁밥을 다 먹지 않은 것이 반드시 최악의 좌절감을 초래하는 것은 아니다. 단지 몇백 원의 돈이 낭비될 뿐이다.
만일 그 몇백 원의 낭비가 당신을 괴롭힌다면, 나중에 마저 먹을 수 있도록 남은 음식을 냉장고에 넣어두라. 운전 중에 당신 앞에서 왔다 갔다 하는 사람이 있다고 해서 그 사람이 핵공격을 자초할 만한 일을 하고 있는 것은 아니다. 어떤 사람이 당신 뒤에서 무례하게 경적을 울려 댄다면 그것은 최악의 끔찍한 사건이 아니라, 단지 약간 당신을 성가시게 하는 일일 뿐이다. 월급이 인상되지 않은 것은 당신의 지갑에 손해를 미치겠지만, 당신이 허용하지 않는 한 당신에게 직접 손상을 입히지는 않는다. 보통 좌절감은 처음부터 땅이 무너질 듯이 크지 않다. 만일 우리가 노력한다면 좌절감은 아주 잘 받아들여질 수 있다. 좌절감이 심각하다 하더라도 우리가 허용하지 않는다면, 큰 소란으로 이어지지 않을 것이다.[1]

좌절감이 꼭 분노의 반응으로 이어지는 것은 아니다. 좌절감에 어떻게 반응할 것인지는 당신이 자유롭게 결정할 수 있다. 문제와 어려움과 낙심과 상심과 실패의 경험은 부모역할 수행에 있어서 피할 수 없는 부분이다. 그러나 당신의 반응을 분노로 할 것인지, 기쁨으로 할 것인지는 당신의 선택에 달려있다!

몇 년 전 몬트리올 올림픽에서 있었던 두 가지 사건은 좌절에 대한 두 가지 반응을 극명하게 대조시켜 보여주었다. 2인 1조 요트경주에서 영국 팀은 16팀 중 14위로 들어왔다. 두 영국인 선수는 그들의 성적에 너무나도 좌절감을 느낀 나머지 요트에 불을 지르고 요트가 불꽃 속에 가라앉는 동안 해안으로 걸어왔다! 좌절감에 대한 그들의 반응은 파괴적이고 값비싼 것이었다.

하이티의 장거리 육상선수인 올뉴스 찰스 역시 몬트리올 올림픽에서 좌절을 경험했다. 그는 1만 미터 경주에서 아홉 번이나 추월을 당하여 다른 사람들보다 5분 늦게 제일 꼴찌로 들어왔다. 그러나 그는 낙심하거나 경기를 중단하지 않았다. 그는 좌절스러운 경험에 자신이 압도되는 것을 허용하지 않았다.

자녀가 당신의 인내를 시험하고, 짜증 나게 하며, 때로는 전혀 생각하지 못한 방법으로 당신을 수치스럽게 할 수도 있다. 그러나 당신은 상처 입히는 말 대신 치료하는 말로 거기에 반응할 수 있다. 그것은 당신의 선택에 달려있다. 제임스 돕슨James Dobson 박사는 그의 저서「왜 부모의 권위는 소중한가」(말씀의 집)에서 부모들이 공통적으로 경험하는 좌절에 대해 말하고 있다.

다음은 책에 나오는 하나의 예로, 어머니가 아들과 함께 첫 영화관 나들이를 갔던 이야기다.

내가 결코 잊지 못할 어머니의 이야기가 있는데, 그녀는 갓 걸음마를 시작한 아들과 함께 여러 주 동안 비좁은 집안에만 갇혀 있었다. 집 밖으로 나가보려는 필사적인 시도 끝에, 그 어머니는 아들을 데리고 처음으로 인형극 영화 관람을 가기로 결정했다. 그러나 극장에 도착한 순간, 그 어머니는 사소한 문제를 발견했다. 스프링 의자를 누르고 앉을 만큼 아이의 몸무게가 나가지 않았던 것이다. 그래서 어머니는 영화를 보는 내내 몸을 거세게 비비 꼬고 몸부림쳐대는 두 살짜리를 무릎에 앉힐 수밖에 없었다.

그건 실수였다. 영화를 보는 도중 어머니와 아들은 콜라와 버터 팝콘을 엎질렀던 것이다! 끈끈하고 달착지근한 그 혼합물은 아이의 몸에서 어머니의 무릎과 다리로 흘러내렸다. 영화가 거의 끝날 무렵이었기 때문에 어머니는 끝까지 앉아있기로 결정했다. 그런데 애석하게도, 그녀는 자신과 아들이 완전히 하나가 되었다는 것을 알지 못했다. 영화가 끝나고 그들이 일어섰을 때 어머니의 스커트는 아기의 몸에 들러붙어 있었다. 그리고 아기가 통로를 걸어 올라갈 때 아기의 엉덩이에 붙어 있던 스커트는 위로 따라 올라갔다! 그 어머니는 급히 자기의 속옷을 붙잡으면서 속옷을 입을 시간이 있었던 것에 대해 하나님께 감사를 드렸다![2]

하나님은 부모가 되는 것에 좌절감을 느끼도록 계획하셨을까? 그렇지 않다. 그러나 하나님은 이러한 일상의 힘든 일들을 허락하셔서 당신이 유연성을 개발하고 크리스천 부모로서 하나님이 원하시는 온전한 모습이 되게 하신다. 부모로서 겪는 정상적인 혼란을 거부하고 대항하는 부모에게는 좌절과 분노가 이어진다. 그러나 혼란과 변화와 놀라움과 아픔을 긍정적으로 예상하고 받아들인다면, 분노와 고통의 말이 튀어나오는 것을 막을 수 있을 것이다. 명심하라. 그것은 당신의 선택에 달려있다!

부모역할의 좌절을 줄이는 방법

나는 상담실과 세미나에서 이렇게 말하는 부모들을 종종 본다. "노먼, 저는 아이들에게 심한 말을 하고 싶지 않지만, 뭔가에 사로잡히면 그것을 그대로 터뜨려 버립니다. 그것을 자제하는 데는 한계가 있어요. 저는 아이들을 사랑한다고 생각하지만, 가끔은 그렇지 않을 때도 있어요. 심지어 아이들을 목 졸라 버리고 싶다는 생각도 들었다니까요! 그런 일이 두려워요. 그렇지만 변화되기 위해서 어떻게 해야 할지 모르겠어요."

그러면 나는 보통 이런 질문을 한다. "자녀로 인해 좌절감을 느끼고 화가 났을 때, 어디에 초점을 맞추십니까? 자녀가 어떤 행동을 했고 당신이 무슨 말을 했는지에 초점을 맞추십니까, 아니면 자녀가 앞으로 어떻게 행동하기를 바라는지에 초점을 맞추십니까?"

그들은 보통 이렇게 대답한다. "저는 아이들의 잘못된 행동과 저의 파괴적인 말을 되씹어봅니다. 그 일을 거듭 머릿속에서 재연하면서 아이들에게 상처를 준 자신을 자책합니다."

나는 이렇게 묻는다. "당신이 실패를 재연함으로써 그것이 반복되도록 프로그래밍하고 있다는 것을 알고 계십니까?"

내 말을 듣고 보통 그들은 미심쩍다는 표정을 짓는다. 하지만 그것은 사실이다. 당신이 하지 말았어야 하는 것을 생각하며 너무 많은 시간을 보낼 때, 그것은 더 강화된다. 더 나아가 실패를 머릿속에서 반복하느라 당신의 모든 시간과 에너지를 소비한다면, 당신이 정말로 원하는 것이 무엇인지 구체화할 수 없게 된다. 당신의 시간과 에너지를 해결책을 향해 방향 조정할 때, 당신과 자녀의 의사소통은 크게 달라질 것이다! 좌절에 대해 어떻게 반응할 것인지에 초점을 맞춘다면 당신은 변화될 것이다!

부모로서 당신의 좌절을 감소시키고 상처 주는 말을 억제하려면, 다음의 몇 가지 단계를 따라야 한다.

정직하고 서로 점검해주는 관계를 만들라

좌절에 대처하는 첫 단계는, 부모역할의 관심사를 나누고 각자의 책임을 상호 점검해주는 관계를 개발하는 것이다. 당신과 함께 기도하며 당신이 어떻게 하고 있는지 정기적으로 점검해줄 수 있는 사람을 선택하라. 만일 당신 부부가 함께 이 과정을 따르고 있다면, 당신 부부가 어떻게 책임을 완수하고 있는지 점검해달라고 다른 부부에게 요청하라. 우리는 모두 다른 사람들의 지지와 지원이 필요하다.

또한 당신은 변화를 이뤄가는 과정에 있어서 자신과 배우자에게 정직해야 하고, 그것을 어떻게 실행하고 있는지 스스로 혹은 부부끼리 점검해야 한다. 한 장의 종이에 다음의 질문에 대한 응답을 기록하라. 그리고 당신의 응답을 배우자나 기도 파트너와 나누라.

- 좌절될 때 당신은 어떤 기분인가? 구체적으로 대답하라. 화낼 때 당신은 어떤 기분인가? 어떤 사람들은 좌절과 분노를 즐긴다. 아드레날린이 분비되고 힘을 느끼기 때문이다. 당신도 이들과 같은가?
- 좌절될 때 당신은 자신의 반응을 통제하려 하는가, 아니면 되는 대로 놔두는가? 다시 말해서 무엇을 할지 스스로 결정하기 원하는가, 아니면 감정이 이끄는 대로 맡기기를 원하는가?
- 만일 당신이 자신을 통제하기 원한다면, 그것에 얼마의 시간과 에너지를 사용할 용의가 있는가? 변화가 일어나려면, 동기 수준이 일정하고 높아야 한다.
- 자녀의 행동이 당신을 짜증 나게 할 때, 당신은 어떻게 반응하기를 원하는가? 그때 당신은 무슨 말을 하고 싶은가? 구체적으로 응답해 보라.

하나님 말씀의 지침을 내면화하라

하나님이 인간에게 영감을 주어 성경을 기록하게 하시고, 수세기에 걸쳐 성경이 보존되게 하신 데에는 이유가 있는데, 그것은 하나님의 지침이야말로 우리 삶에 최선을 제공해주기 때문이다. 과거에 당신이 어떤 경험을 했고, 어떤 가르침을 받았든, 하나님의 방법이야말로 실효가 있다!

다음의 성경 구절을 각각 색인 카드에 기록하라. (잠언 12:28, 14:29, 16:32) 좌절과 분노와 관련된 다른 성경 구절을 찾았다면, 그것도 당신의 카드 목록에 첨가하라. 한 달 동안 아침저녁으로 그 구절들을 소리내어 읽는다면, 당신은 그것들을 자신의 것으로 소화하게 될 것이다.

좌절을 느낄 때 어떻게 반응할지 미리 계획하라

변화를 계획할 때만 변화될 수 있다. 당신이 아무리 좋은 의도를 가지고 있더라도 일단 좌절에서 분노로 이어지는 연쇄 과정이 작동하기 시작하면, 명료하게 사고할 수 있는 당신의 능력이 제한된다.

좌절을 느낄 때 자녀에게 어떻게 말할 것인지를 미리 분명히 해두라. 그것은 구체적이어야 한다. 당신이 보일 반응을 기록한 후, 혼자서 소리 내어 읽고 기도 파트너에게도 읽어주라. 나는 종종 상담실에 온 내담자에 그들의 새로운 반응을 연습해보게 하고, 나는 상대방의 입장이 되어 반응해본다. 그렇게 함으로써 그들은 할 말을 가다

듣고, 불안하고 불편한 감정을 없애며, 새로운 접근방법에 대한 자신감을 가질 수 있다. 당신의 배우자나 기도 파트너도 이런 방법으로 당신을 도울 수 있다.

당신의 반응을 지연하라

당신이 자녀로 인해 좌절할 때, 말과 행동의 반응을 지연하도록 연습하라. 잠언 말씀은 "노하기를 더디 하라"고 우리에게 반복적으로 훈계한다. 당신이 수년에 걸쳐 길러온 성급하고, 상처 주는 말의 습관을 바꾸려면 반응하기를 늦추어야 한다. 우리의 좌절과 분노가 아무 장애물 없이 표현되는 것을 허용한다면, 그것은 잘못된 선로를 달리는 기관차와 같을 것이다. 걷잡을 수 없는 가속력이 붙기 전에 당신은 그 기관차를 붙잡고 선로를 바꾸어 그 기관차가 올바른 방향으로 갈 수 있게 해야 한다.[3]

방향 전환에 유용한 방법 중 하나는 방아쇠 단어를 사용하는 것이다. 당신의 내면에 좌절과 분노가 일어날 때마다 "그만해", "생각해", "자제해" 등의 말을 스스로에게 함으로써 속도를 늦추고 자제력을 가져야 함을 상기하라. 당신의 상태를 바꾸어주고 새로운 계획을 실행하도록 도울 수 있는 단어를 사용하라.

자녀의 좌절스러운 행동에 대해 융통성을 가지라

자녀와 좌절감을 초래하는 권력 투쟁을 벌이고 있는 부모들에게 내가 제안하는 해결 방법 중 하나는 이것이다. 당신의 자녀가 당신에게 좌절감을 주는 행동을 할 수 있도록 허용하라. 예를 들어, 당신의 어린 딸 제니퍼가 놀러 나갈 때 언제나 뒷문을 열어놓는 것이 당신을 화나게 한다고 하자. 당신은 딸에게 "제니, 당장 이리 와서 문 닫아! 꼬리가 왜 그리 길어!"라고 고함친 적이 여러 번 있다. 그리고 뒷문에 대한 이런 사소한 언쟁 때문에 당신과 딸은 오전 시간을 완전히 망쳐버린다.

다음 번에 제니퍼가 뒷문을 열어두고 나갔을 때, 당신 자신에게 이렇게 말하라. "제니가 왜 문을 열어두고 나갔는지 모르지만, 어쨌든 그것 때문에 나의 하루를 망치지는 않을 거야. 제니가 최악의 행동을 한 것도 아니잖아. 만일 제니가 문을 열어두고 나가기 원한다면 그렇게 하도록 허용하겠어. 거기에는 뭔가 이유가 있을 것이고, 중요한 건 그 이유를 발견하는 거야. 제니와 함께 그 행동을 해결해가는 과정은 뭔가를 배우는 기회가 될 거야." 허용하기의 방법은 당신의 좌절감을 해소시켜주고 당신이 분별력 있게 세운 계획을 실행할 시간을 준다.

내 말을 오해하지 말라. 정에 이끌려 자녀가 원하는 대로 무엇이든 하게 내버려두라는 얘기가 아니다. 어떤 행동은 자녀에게 매우 해롭기 때문에 단호하고 즉각적으로 안 된다고 말해야 한다! 그러나 위험하기보다는 좌절감을 불러일으킬 뿐인 일상적인 행동들에 대해서는 자녀와 싸우기를 멈추고 흐름을 따라가라. 그렇게 함으로써 자녀의 방어기제를 보호하고, 자녀에게 상처를 입히거나 당신 자신이 이성을 잃지 않으면서 문제를 해결할 수 있을 것이다.

내가 허용하기 전략을 제안하면 많은 부모가 회의적인 태도를 보인다. 그러나 그것을 실행해본 후에는 놀라운 결과를 보고한다. "노먼, 당신의 제안을 처음 들었을 때 저는 당신이 미쳤다고 생각했어요. 그러나 어쨌든 그렇게 해보았지요. 그러자 좌절감을 덜 겪게 되었어요. 제 태도는 덜 경직되었고, 전에 아들을 다룰 때보다 더 관대해졌어요. 어느 날 제 아들이 이렇게 말했어요. '엄마, 뭔가 달라지셨어요. 전처럼 딱딱하지 않고 제 말을 잘 들어주시는 것 같아요.' 그 말은 제게 격려가 되기에 충분했어요!"

내면의 대화를 변화시키라

내면의 대화, 혹은 독백을 통해 당신의 좌절감은 완화될 수도 있고 악화될 수도 있다. 당신이 자녀에게 무슨 말을 하고 어떤 행동을 할 것인가는, 당신이 자녀의 행동과 반응에 대해 어떤 독백을 하느냐에 달려 있다. 사실 당신의 가장 강력한 감정인 분노, 우울증, 죄책감, 걱정, 한 개인과 부모로서의 자존감은 내면의 대화로부터 시작되고 자란다. 당신의 내면의 대화를 바꾸는 것이야말로, 부모역할에서 오는 좌절감이 상처 주는 말로 폭발되는 것을 방지하는 데 핵심적 역할을 한다.

토요일 오전 골프 경기하러 가기 직전에 아트는 열한 살짜리 아들에게 방을 청소하고 세차해놓으라고 말했다. 지미는 그러겠다고 대답했다. 그러나 아트가 집으로 돌아왔을 때 지미는 어디에도 보이지 않았다. 방은 반만 청소되어 있었고, 차는 여전히 더러웠다. 그 광경을 둘러볼 때 아트의 내면에서 일어나는 대화를 한번 들어보자. "어디 갔지? 지미는 내 지시를 따르지 않았어. 이 아인 너무 게으르고 남 생각은 전혀 안 해. 난 아이에게 모든 걸 주었건만 지미는 사소한 일 하나도 제대로 하지 않아. 뭐 하나 끝까지 하는 법이 없지. 어디 두고 보자. 지미는 항상 어디로 갔는지 메모도 남겨놓지 않아. 한 달 동안 외출금지를 시켜야겠어!"

당신은 아트가 좌절하고 화를 낼 만하다고 주장할지도 모른다. 그럴 수도 있고, 그렇지 않을 수도 있다. 여하튼 아트에게는 눈앞에 있는 광경을 보고 어떻게 생각할지 선택할 자유가 있었다. 그의 내면의 대화가 보여주는 것은 그가 왜곡된 생각으로 좌절감에 불 붙이기를 선택했다는 것이다. 그는 '꼬리표 붙이기'labeling를 하여, 지미를 '게으르고 남 생각을 안 하는 아이'라고 불렀다. 꼬리표 붙이기는 부정적 관점을 지속시키기 때문에 좌절감을 부채질한다. 그것은 자녀에게 붙여놓은 꼬리표를 강화시킬 행동만을 찾게 만든다. 당신은 긍정적인 요소들을 간과하고 최악의 요소만을 찾는 경향을 갖게 된다.

아트의 생각이 왜곡되었다는 또 다른 증거는 그가 과장한다는 것이다. "전혀", "뭐 하나 없어", "항상" 같은 말은 자녀가 어쩌다 하는 행동을 일생에 걸친 습관으로 확대해석한다. 자녀의 잘못된 행동을 과장하는 것은 부모의 좌절감만 키울 뿐이다.

아트의 내면의 대화는 성급하고 부정적인 가정에 근거했다. 어쩌면 이웃 사람이 급한 일이 있어서 일하고 있던 지미를 불러냈을지도 모른다. 어쩌면 다른 동네에 사는 친척이 예기치 않게 방문해서 오후 시간 동안 지미를 쇼핑에 데려갔을 수도 있다. 어쩌면 같은 동네에 사는 거동이 불편한 사람이 지미를 불러 중요한 심부름을 시켰을 수도 있다. 어쩌면 지미가 자신의 행방을 알리는 메모를 남겼지만, 아트는 최악의 상황만을 생각하느라 바빠서 그것을 찾지 못했을 수도 있다. 이처럼 내면의 대화의 근거를 확고한 사실이나 긍정적인 추론에 둔다면, 아주 많은 좌절과 분노를 덜 수 있을 것이다.

성경은 우리가 어떻게 생각해야 하는가에 대해 많이 말씀한다. 만일 당신이 부정적인 내면의 대화로 어려움을 겪고 있다면, 다음의 성경 구절들을 카드에 적어 매일 낭독하길 권한다. (사 26:3 ; 롬 8:6-7 ; 고후 10:5, 12:2 ; 엡 4:23 ; 빌 4:6-9 ; 벧전 1:13) 당신의 선택으로 당신의 생각은 변화될 수 있다.

희망적인 태도를 가지라

만일 당신이 "이건 절대로 효과가 없을 거야"라고 단정한 채 이 단계들을 따른다면, 당신은 스스로 실패를 향해 가고 있는 것이다. 그 대신 이렇게 생각하도록 자신을 코치하라. "나는 좌절과 분노를 해소하기 위한 실제적인 단계들을 따르고 있어. 이것은 나와 우리 아이의 관계를 정말로 달라지게 할 거야. 성장을 위한 이 단계들을 따르면 우리의 의사소통은 개선될 거야."

긍정적인 태도를 갖는 데 도움이 되도록, 잠시 시간을 내어 좌절의 유익과 좌절하지 않을 때의 유익을 열거해보라. 그리고 두 목록을 비교해보라. 당신은 어떤 결과를 원하는가? 지금까지 얘기한 단계를 따를 때, 당신이 원하는 결과를 성취할 가능성이 커진다.

'좌절감 일기'를 쓰라

작은 공책에 '좌절감 일기'를 쓰며 진척상황을 기록하라. 그 공책을 늘 가까이 두어 당신이 부모역할을 하면서 얻는 좌절감을 쉽게 기입할 수 있도록 하라. 당신의 기재사항을 배우자나 기도 파트너와 공유하되 자녀와 나누지는 말라.

이 일기의 목적은 두 가지다. 첫째로, 당신이 좌절을 느낄 때 그 좌절의 발전을 억제함으로써, 좌절이 당신을 지배하게 하는 대신 당신이 좌절을 지배할 수 있게 한다. 둘째로, 미래의 좌절에 대해 건전하고 통제된 반응을 계획할 수 있게 한다.

좌절감 일기의 양식은 다음과 같다.

- 좌절이 일어난 날짜와 시각 :
- 0점(없음)부터 10점(강함)까지 기준에서 좌절의 수준 :

- 좌절을 느낀 대상 :
- 내적인 느낌 :
- 자녀의 행동에 대한 나의 내면의 대화 :
- 자녀에 대한 나의 언어적 반응 :
- 좌절이 분노로 이어졌는가? 만일 그랬다면 분노는 어느 정도로 강했는가?
- 이번에 내가 보인 반응은 지난번에 경험했던 좌절에 비해 얼마나 개선되었는가?
- 다음에 좌절을 느낄 때 어떤 감정을 가지며 무슨 말을 하고 싶은가?
- 다음에 좌절을 느낄 때 개선할 사항은 무엇인가?

다음은 두 명의 미취학 자녀를 둔 30세 여성 제니스가 좌절감 일기에 자신의 진척상황을 기록한 예다.

- 좌절이 일어난 날짜와 시각 : 2월 6일, 수요일, 오전 11시 30분, 점심 시간 직전.
- 0점(없음)부터 10점(강함)까지 기준에서 좌절의 수준 : 8이었다!
- 좌절을 느낀 대상 : 다섯 살짜리 스테이시.
- 내적인 느낌 : 정말로 짜증스러웠다. 솔직히 말하면 스테이시에게 다가가서 움켜잡고 싶었다.
- 자녀의 행동에 대한 나의 내면의 대화 : "저 아인 너무 고집이 세. 내

말도 듣지 않아. 행동이 너무 이기적이야. 쟤가 저럴 때 누가 감당할 수 있을까."

- 자녀에 대한 나의 언어적 반응 : "스테이시, 넌 구제불능이야. 엄마가 뭐라고 말하는지 분명히 들었잖아. 넌 가끔씩 너무 못됐어!"
- 좌절이 분노로 이어졌는가? 만일 그랬다면 분노는 어느 정도로 강했는가? : 분명히 그랬다! 난 흥분했고, 분노 수준이 8까지 올라갔다.
- 이번에 내가 보인 반응은 지난번에 경험했던 좌절에 비해 얼마나 개선되었는가? : 개선되었는지 잘 모르겠다. 더 심했을 수도 있다. 그러나 이번에는 그때만큼 오래 지속되지 않았던 것 같으니까 그걸 개선이라고 부를 수도 있을 것 같다.
- 다음에 좌절을 느낄 때 어떤 감정을 가지며 무슨 말을 하고 싶은가? : 짜증내며 화내고 싶지 않다. 안정되고 조용한 목소리로 딸에게 말하면서 딸의 마음 깊이 다가가고 싶다.
- 다음에 좌절을 느낄 때 개선할 사항은 무엇인가? : 개선할 사항을 좀더 구체적으로 계획할 필요가 있다는 생각이 든다. 나는 잠언 12:18, 14:29, 16:32을 암송할 것이다. 그 다음으로는, 스테이시가 내 말에 신경 쓰지 않을 때 구체적으로 어떻게 말할 것인지 글로 쓰고 그것을 실행할 것이다. 또 나의 기도 파트너와 그 상황에 대해 토의하고 역할극으로 실연해볼 것이다.

나는 '의식적인 지연의 원리'를 사용할 것이다. 몇 초 동안 다른 일을 중지하고 내가 말하고 행하기 원하는 것이 무엇인지를 다시 한

번 상기할 것이다. 나는 마음속으로 이렇게 말할 것이다. "이런 일이 일어나는 건 별 문제 아니야. 아이의 잘못된 행동은 대부분 아이에게 위험스럽거나 생명을 위협하는 게 아니고, 내게도 세상이 끝난 것처럼 심각한 일은 아니야."

그러고 나서 스테이시에게 다가가 무릎 꿇고 그 애와 눈높이를 맞춘 후, 그 아이의 어깨에 부드럽게 손을 얹고 눈을 바라보며 조용한 목소리로 "엄마가 방금 뭐라고 말했지?"라고 물어볼 것이다. 이러한 접근법은 분명 변화를 가져올 것이다.

제니스는 새로운 방법을 신중히 계획하여 일기에 기록했고 그것은 정말로 효과가 있었다.

나는 좌절에 대한 당신의 반응이 변화될 수 있다는 것을 당신이 믿기를 진심으로 바란다. 하나님은 당신이 할 수 있다고 믿으신다. 하나님은 변화를 향해 나아가는 당신을 지원하는 분이시다. 또한 당신의 배우자와 친구들이 당신을 도울 수 있게 하라.

무엇보다도, 당신은 변화될 수 있고 그 변화가 부모-자녀 간의 의사소통을 획기적으로 달라지게 할 수 있다는 것을 믿어라.

행복한 부모 되기 스터디 가이드

당신의 배우자, 신뢰하는 친구,
또는 당신이 속한 스터디 그룹과 함께 나누세요.

Q 0점(개선의 절박한 필요)부터 10점(개선 불필요)까지 기준에서, 부모역할의 좌절감을 감소시키는 7단계를 당신이 현재 얼마나 성공적으로 완수하고 있는지 등급을 매기라.

☑ 정직하고 서로 점검해주는 관계를 만들라

0   1   2   3   4   5   6   7   8   9   10

☑ 하나님 말씀의 지침을 내면화하라

0   1   2   3   4   5   6   7   8   9   10

☑ 좌절에 당면할 때의 반응을 미리 계획하라

0   1   2   3   4   5   6   7   8   9   10

☑ 당신의 반응을 지연하라

0   1   2   3   4   5   6   7   8   9   10

☑ 자녀의 좌절스러운 행동에 대해 융통성을 가지라

0   1   2   3   4   5   6   7   8   9   10

☑ 내면의 대화를 변화시키라

    0   1   2   3   4   5   6   7   8   9   10

☑ 희망적인 태도를 가지라

    0   1   2   3   4   5   6   7   8   9   10

Q 좌절감 일기의 연습으로, 아래의 항목에 당신이 최근에 자녀와의 관계에서 좌절했던 경험을 적으라.

☑ 좌절이 일어난 날짜와 시각 :

☑ 0점(없음)부터 10점(강함)까지 기준에서 좌절의 수준 :

☑ 좌절을 느낀 대상 :

☑ 내적인 느낌 :

☑ 자녀의 행동에 대한 나의 내면의 대화 :

☑ 자녀에 대한 나의 언어적 반응 :

☑ 좌절이 분노로 이어졌는가? 만일 그랬다면 분노는 어느 정도로 강했는가?

☑ 이번에 내가 보인 반응은 지난번에 경험했던 좌절에 비해 얼마나 개선되었는가?

☑ 다음에 좌절을 느낄 때 어떤 감정을 가지며 무슨 말을 하고 싶은가?

☑ 다음에 좌절을 느낄 때 개선할 사항은 무엇인가?

📖 **note**

1) Paul A. Hauck, Overcoming Frustration and Anger(Philadelphia: Westminster Press, 1974), p. 65. Used by permission.
2) James C. Dobson, Parenting Isn't for Cowards(Dallas, Texas: WORD Incorporated, 1989), p.11.
3) Neil Clark Warren, Make Anger Your Ally(Garden City, NJ: Doubleday and Co., 1983), adapted from p. 169.

가치절하 메시지, 북돋아 주는 메시지

부모로서 우리의 목표 중 하나는, 우리의 자녀가 하나님이 그들을 생각하시듯 자신을 고귀하게 여기게 하는 것이다. 이 목표 달성을 위한 주된 수단은 우리가 언어와 비언어로 북돋아 주는 메시지를 전달하는 것이다. 자녀가 부모와 하나님에게 매우 가치 있는 존재라는 긍정적인 메시지로 자신들의 삶을 채우면, 그들은 자신의 가치와 자제력을 개발하며 책임감과 독립성을 갖춘 성인이 될 것이다. 이상적으로 볼 때, 부모와 자녀의 의사소통은 북돋아 주는 메시지로 채워져야 한다.

그러나 애석하게도 우리는 다른 메시지도 보내곤 하는데, 그 메시지는 우리의 자녀를 북돋아 주지 않을 뿐 아니라, 자녀가 하나님이 생각하시듯 자신들을 생각하는 데에 역효과를 초래한다. 그것은 가

친절하의 메시지다.

보통 '가격인하'라는 말은 우리에게 좋은 느낌을 준다. 좋은 상품을 할인된 가격에 살 수 있는 할인매장을 우리는 좋아한다. 우리는 좋아하는 식당에서 조조할인 받는 것을 좋아한다. 어떤 사람들은 자신들이 일하는 직장에서 상당한 비율의 직원 할인을 받기도 한다. 그러나 가치절하의 메시지는 기분 좋은 것과는 거리가 멀다. 그것은 바람직하지 못할 뿐만 아니라 파괴적이다.

가치절하의 메시지는 바람직하지 않다

가치절하의 메시지는 그 메시지를 받는 사람의 가치를 떨어뜨린다. 당신이 자녀에게 가치절하의 메시지를 보내며 대화한다면 자녀가 자존감을 갖도록 북돋아 주는 것이 아니라, 그들이 부모와 하나님에게 가치 있는 존재라는 사실을 의심하도록 만드는 것이다.

가치절하 메시지의 핵심에는 다음에 나오는 부인denial 영역들 중에서 최소한 하나 이상이 포함되어 있다.

- 가치절하 메시지는 자녀의 존재, 즉 자녀가 가치 있게 여기는 것이나 두려워하는 것을 부인한다. 당신이 자녀를 어떤 식으로든 무시할 때, 당신은 자녀의 존재를 부인하는 가치절하 메시지를 보내는 것이다. 당신의 딸이 마치 살아있는 사람을 대하듯 인형에게 말할

때 당신이 "왜 베시에게 말을 거니? 그건 인형일 뿐이야"라고 말한다면, 당신은 딸의 아무 해도 없는 공상을 부인하는 것이다. 또 딸이 밤에 깜깜한 방에서 혼자 자기 무섭다고 할 때 당신이 "무서울 거 하나도 없어"라고 말한다면, 당신은 딸의 매우 현실적인 문제를 부인하는 것이다.

- 가치절하 메시지는 자녀의 삶에서 일어나는 어떤 문제의 심각성이나 사건의 중요성을 부인한다. 예를 들어, 만일 당신의 아들이 학교에서 받은 과학과제를 하느라 어려움을 겪고 있는데 당신이 "그건 별일 아니야"라고 하거나, 아들을 도와주는 대신 TV 야구 중계만 보고 있다면 당신은 아들이 당면한 문제의 심각성과 과제의 중요성을 부인하는 것이다.

- 가치절하 메시지는 자녀가 문제를 해결할 수 있다는 가능성을 부인한다. 당신이 자녀에게 "자니야, 그만 잊어버려, 거기에 대해 네가 할 수 있는 일은 아무것도 없어"라고 하거나, "네가 대학교에 가기는 너무 어려울 테니까 그건 계획하지 말아라"고 한다면, 당신은 자녀를 가치절하하는 것이다.

- 가치절하 메시지는 어떠한 영역에서 성공할 수 있는 자녀의 능력을 부인한다. 당신이 아들을 축구 팀 선발 대회에 데려가지 않으면서 "넌 절대로 팀에 들어가지 못할 거야"라고 말하거나, 딸이 자동차 수리를 돕도록 허락하지 않으면서 "여자애들은 기계를 못 다뤄"라고 말할 때 그런 메시지가 전달된다.

당신이 이 네 가지 영역에서 자녀를 부인한다면, 자녀의 성숙과 독립에 역효과를 초래하는 가치절하 메시지를 보내고 있는 것이다.

위기에 처했을 때의 가치절하

때로 부모들은 자녀의 삶이 위기에 처했을 때 가치절하의 메시지를 보내는 죄를 범하기도 한다. 우리가 자녀에게 줄 수 있는 가장 훌륭한 선물 중 하나는 상실에 대처할 수 있는 능력이다. 슬픔은 삶의 일부다. 그러나 종종 아이들이 경험하는 위기는 성인의 위기에 비해 사소하기 때문에 우리는 자녀가 그 경험을 잘 통과하도록 북돋아 주는 대신 부인의 메시지를 표현한다. 그렇게 함으로써 우리는 자녀를 가치절하하고 자녀의 성장을 방해한다.

아홉 살짜리 새미는 기르던 개가 죽자 깊은 슬픔에 빠졌다. 그런데 아버지는 새미의 슬픔을 무시함으로써 새미를 가치절하한다. "새미야, 그만 울어. 그건 그냥 개에 불과했잖아. 네가 그 개랑 그렇게 정든 것도 아니잖니." 또는 위기의 심각성을 부인하며 이렇게 말할지도 모른다. "그건 그냥 개일 뿐이야. 그런 개들은 많단다. 다음 주에 동물 보호소로 가서 더 좋은 것을 한 마리 찾아보자." 또는 다음과 같은 말로 위기의 해결가능성을 부인할 수도 있다. "울어봤자 아무 소용없어. 모든 개는 결국 죽기 마련이니까 넌 거기에 익숙해져야 돼." 또는 애완동물의 좋은 주인이 될 수 있는 능력을 부인하며 이렇게 말할지도 모른다. "만일 네가 그 개를 더 잘 돌봤다면, 이런 일은 일어나지 않았을 거야. 난 네가 다른 개를 가질 자격이 있는지 잘 모르겠다."

위기의 순간에 새미에게 절박하게 필요한 것은, 새미의 슬픔과 문제의 심각성을 인정해주고 그것에 대처할 능력을 인정해주는 메시지다. 아버지는 이렇게 말했어야 한다. "그 개가 너에게 큰 의미였기 때문에 네가 슬프다는 것을 잘 알아. 네 눈 속에 있는 슬픔을 아빠는 볼 수 있어. 아빠도 슬프단다. 우리 둘 다 그 개를 잊지 못할 거야." 이것이야말로 가치절하가 아닌 북돋아 주는 메시지다. 우리는 이번 장의 후반부에서 북돋아 주는 메시지에 대해 더 자세히 논의할 것이다.

열네 살짜리 드니즈가 눈물을 글썽거리며 집으로 돌아오고 있다. 드니즈는 치어리더 선발 테스트에 떨어져서 매우 격앙된 상태다. 그런데 어머니는 이렇게 말한다. "자, 드니즈. 넌 마치 인생이 끝나기라도 한 것처럼 굴고 있어. 그 일 때문에 세상이 끝나지는 않아." 이 메시지에서 어머니는 드니즈의 절망과 그 심각성을 부인하고 있기 때문에 드니즈를 가치절하하고 있는 것이다. "방 안에 틀어박혀 울어댄다 해도 아무 소용없어. 응원단에 들어가지 못한 걸 이제 와서 어떻게 할 수 없으니까 그만둬." 이러한 가치절하의 메시지는 문제를 해결할 수 있는 드니즈의 능력을 막아버린다.

위기 시에 드니즈에게 필요한 것은 북돋아 주는 메시지다. 슬픔이 가라앉은 후 어머니는 드니즈에게 학교에서 할 다른 활동을 제시함으로써, 딸이 치어리더로 뽑히지 못한 실망을 통과하여 성장하도록 도와야 한다.

웃음을 통한 가치절하

부모들이 자녀에게 가치절하의 메시지를 전달하는 또 다른 방법은 웃음이다. 자녀와 함께 웃는 것은 건전하다. 그러나 자녀의 아픔, 실패, 당혹스러움에 대해 웃는다면 가치절하의 메시지를 전달하는 것이다. 그것은 언어적 학대의 또 다른 한 형태다. 가정에서는 재미있는 일이 일어나기 마련이다. 그러나 자녀의 재난이 웃음의 원천인 경우에는 자녀가 웃을 때까지 당신도 웃기를 기다려야 하며, 그러기 위해서는 입술을 깨물거나 자신을 통제하기 위해 바깥으로 나가기라도 해야 한다.

나는 이 일에 실패한 적이 있다. 셰릴이 스무 살이었을 때 일어난 사건을 나는 생생하게 기억한다. 셰릴은 부활절 저녁 식사를 위해 집에 왔는데, 그날 셰릴은 어떤 일도 제대로 되지 않았다. 셰릴은 아침 일찍 일어나 머리를 감았고 시간이 남자 욕조를 청소하기로 마음먹었다. 그러나 청소를 하려고 물을 트는 순간 물이 수도꼭지 대신 샤워기로 뿜어져 나와 머리가 흠뻑 젖고 말았다. 결국 셰릴은 머리 감는 과정을 다시 반복해야 했다.

집으로 오는 길에는 셰릴 차의 브레이크가 파열되었다. 저녁 식사 시간에 우리는 디저트로 어떤 친구가 준 신선하고 잘 익은 딸기를 고대하고 있었다. 셰릴은 커다란 딸기 하나를 집어들어 한 입 깨물고 손에 들고 있는 나머지 반쪽을 보다가 거기서 뭔가가 움직이는 것을 발견했다. 셰릴은 더 자세히 들여다보았고 그녀가 벌레 중에 제일 싫어하는 집게벌레를 발견했다. 용맹한 집게벌레 일가가 그 딸기의 중심으로 파고 들어가 진을 치고 있었다. 셰릴은 몸을 부르르 떨고 날카로운 비명을 지르다가 입 속에 딸기의 나머지 반쪽이 있다는 것에 생각이 미쳤다. 셰릴은 그것을 끄집어냈고 또 다른 집게벌레가 그 안에 있는 것을 발견했다. 그 순간 셰릴은 자제력을 상실했고, 울부짖고 비명을 지르며 욕실로 달려가 비누와 물로 입안을 씻었다. 그러지 말았어야 했지만, 나도 통제력을 상실한 나머지 배꼽을 잡고 웃음을 터뜨렸다.

사실 이 글을 쓰는 순간에도 나는 다시 한 번 미소지으며 킥킥거리게 된다. 사건이 일어난 그 순간에는 내가 웃은 것을 셰릴이 좋아하지 않았지만, 얼마 후에 우리는 함께 웃게 되었다. 그 일이 일어난 순간에는 충격적이었지만, 후에는 우리에게 아주 좋은 추억이 되었다. 나는 그 일이 일어났을 당시 셰릴이 어린아이가 아니고 스무 살이어서 다행이라고 생각한다. 만일 그렇지 않았다면 사태는 더 심각해졌을 것이다. 만일 당신이 그래서는 안 된다는 것을 알면서도 '통제를 상실하고' 웃음을 터뜨렸다면, 자녀가 평정을 되찾은 후에 사과하고 해명하는 것이 좋을 것이다.

여러 가지 형태의 가치절하

우리는 숱하게 다양한 방법으로 자녀에게 가치절하의 메시지를 보낸다. 그 방법들은 가치절하가 일어나는 가정에서 반복적으로 볼 수 있는 두 가지 주제인, 비판과 유기 중 한 가지 이상을 반영하고 있다. 또한 다음의 방법들에서 부인이 어떻게 섞여 있는지도 잘 살펴보라. 이 같은 가치절하의 메시지는 자녀가 하나님에게 매우 가치 있는 존재라는 진실을 알 수 없도록 눈을 가리며 자존감 발달을 저해시킨다.

학대 신체적, 정서적, 언어적, 성적 등 모든 형태의 학대는 자녀에게 "네가 어떤 아이이든 난 너를 좋아하지 않아. 너의 필요는 내게 중요하지 않아"라는 가치절하의 메시지를 보낸다. 많은 부모가 신체적, 성적 학대는 생각하지도 않지만, 자녀와의 의사소통에 있어서 자신들의 언어적 학대가 얼마나 미묘하게 침투하고 있는지를 알고는 깜짝 놀란다. 언어적 학대는 명백한 형태의 학대 못지않게 가치절하의 메시지를 보낸다.

무시 신체적, 정서적, 언어적으로 관심을 주지 않는 것은 소극적 형태의 학대다. 무시당하는 자녀는 버림받았다고 느낀다. 그런 아이가 받는 가치절하의 메시지는 "너 자신이나 너의 필요는 중요하지 않아. 너는 내 관심을 받을 만한 자격이 없어"라는 것이다.

조건적 사랑 조건적 사랑의 메시지는 그것이 미묘하든지 노골적이든지, 자녀의 필요 대신 부모의 필요나 기대에 근거를 두고 있다. 그때 자녀가 받는 가치절하의 메시지는 "난 가치 있고, 넌 가치 없어. 너의 필요와 감정은 내 필요와 감정만큼 중요하지 않아. 내 사랑을 받으려면 넌 나의 기대를 반드시 충족시켜야만 돼"라는 것이다.

응석 받아주기 응석받이로 키우는 행위는 과도한 사랑의 형태이고, 그런 부모는 자녀의 비위까지 맞춘다. 응석을 받아주는 행위 역시 가치절하의 메시지가 되는데, 그것은 자녀가 비현실적으로 부모를 의지하도록 조장하고, 자녀 스스로 사고하는 능력을 막으며, 책임감의 의미를 모호하게 만들기 때문이다.

가치절하 메시지의 희생물이 되는 자녀

오늘날 우리는 '범죄자에게 희생된다', '부부가 서로 희생시킨다'는 등 '희생'이라는 말에 대해 너무나도 많이 듣는다. 아이들 역시 부모에게서 받는 가치절하 메시지로 인해 희생된다고 느끼며 자란다. 나는 상담실에 온 사람들에게서 그들이 부모에 의해 어떻게 희생되었는지 끊임없이 듣는다. 한 중년의 여인은 내게 이렇게 말했다. "저는 평생 희생당한다고 느끼며 살아왔어요. 어렸을 때 뭔가 극적인 일이 일어났다는 것은 아닙니다. 저는 신체적으로나 성적으로 학대당하지 않았어요. 단지 저의 어머니는 너무나도 오랜 시간 동안 제게 비판적이었어요. 어머니가 뭔가 좋은 말을 하실 때에도, 그 칭찬은 너무나도 많은 가치절하의 말들로 둘러싸여 있었기 때문에 저는 그 칭찬을 믿을 수가 없었어요. 아빠는 그런 상황 속에서 제게 도움이 되지 않으셨어요. 아빠는 저와 얘기하거나 놀고 싶어 하지 않으셨어요. 아빠는 늘 제 곁에 계셨지만, 저는 정서적으로 버림받았다고 느꼈어요. 저는 제가 무엇을 그렇게 잘못했기에 아버지가 제 삶에서 그리 멀리 계시는지 의아하게 여기며 자랐어요."

가치절하의 메시지를 받으며 성장한 아이들은 소위 '내면화된 희생자의 자기비난'internalized victim blame 때문에 고통을 당할 수 있다. 그들은 자신들이 받는 비난, 유기, 가치절하 메시지에 대해 자신을 탓하는 반응을 보인다. 그들이 청소년기나 성인기에 이르면 부모의 가치절하 메시지에서 어느 정도 벗어날 수 있다. 그러나 성장과정에서 받아온 비난을 상당한 정도로 내면화했기 때문에 이제는 스스로 자신을 가치절하하기 시작한다. 그들은 자신에 대한 부인, 비판, 비난을 다음과 같은 말로 표현한다. "난 그걸 알았어야 해." "난 정말 바보야! 그렇게 하지 말았어야 해." "선생님이 똑같은 공식을 내게 거듭 보여주셔야 한다면 내게 뭔가 문제가 있는 게 분명해."

부모들은 때로 자신도 모르는 사이 가치절하의 메시지를 통해 자녀가 '내면화된 희생자의 자기비난'을 갖도록 점차 단계를 조성해간다. 우리는 우리의 말, 어조, 행동이 자녀에게 얼마나 강력한 영향을 미치는지 생각하지 못한다. 우리가 자녀의 존재, 자녀의 삶에 일어나는 사건의 중요성, 그들의 문제해결 능력을 부인할 때, 자녀는 그것을 내면화하여 그런 영역에서 자신을 가치절하하며 성장한다. 또 우리가 자녀를 비판하고 언어적으로나 비언어적으로 학대할 때, 그들은 그것을 내면화하여 자신을 스스로 비난하고 학대하며 성장한다.

자녀에게 '내면화된 희생자의 자기비난'을 주입시키는 가치절하 메시지의 흔한 예들이 다음에 있다. 이 예들 가운데 나타난 부인, 비판, 유기, 학대가 당신에게도 있는가?

- 자녀가 당신의 허락을 받아 상점에서 물건을 고르고 있다. 당신은 계속해서 이렇게 말한다. "그게 정말로 네가 원하는 거니? 한 번 사면, 바꾸러 오지 않을 거야."
- 당신은 자녀가 큰 개를 두려워하는 것을 조롱한다.
- 자녀에게 "너는 네 썩을 아버지처럼 될 거야"라고 말한다.
- 사춘기 아들이 여자애들 앞에서 수줍어하는 것을 비웃는다.
- 자녀의 명백한 장애나 약점을 다른 아이들이나 당신의 친구들 앞에서 웃음거리로 만든다.
- 여섯 살짜리 아들에게 "네가 착한 아이가 된다면 너를 사랑해줄 거야"라고 말한다.
- 자녀에게 "네가 좋은 점수를 받고 집에서 조용하게 군다면, 아빠와 엄마는 지금처럼 많이 싸우지 않을 거야"라고 말한다.
- 열네 살짜리 자녀에게 "네가 이런 식으로 행동한다면 너에게 시간을 내줄 수 없어. 네가 뭘 잘못했는지 깨달을 때까지 네 방에 가 있어"라고 말한다.[1)]

이런 종류의 메시지들을 끊임없이 들으며 성장한 아이는 자신의 책임이 아닌 상황에서도 자신을 탓하는 성향을 내면화하게 될 것이다. 성숙하고 독립적이고 자신감 있는 어른이 되는 대신, 자기 비난, 자기 회의감, 불안정감, 희생 의식으로 점철된 어른이 될 것이다.

가치절하의 악순환 끊기

자녀를 가치절하하는 메시지에 대해 논의하며 묘사한 예들 가운데 당신의 모습이 있는가? 당신이 가치절하하는 부모라고 깨달은 적이 있는가? 우리가 자녀에게 주어야 할 북돋아 주는 메시지에 초점을 맞추기 이전에, 우리가 전달하고 있는 가치절하 메시지의 근원에 대해 얘기할 필요가 있다. 만일 당신이 문제의 근원을 인식하고 거기에 대처하는 데 실패한다면, 부모와 자녀의 의사소통을 변화시키려는 당신의 노력은 초라한 결과만 가져올 것이다.

만일 당신이 자녀에게 가치절하의 메시지를 전달하는 중개자라면, 당신이 어린아이였을 때 부모에게서 가치절하의 메시지를 들었을 가능성이 매우 크다. 어느 정도로든 당신은 희생자의 자기비난을 내면화했고 자신에 대한 가치절하의 태도를 받아들인 것이다. 당신의 부모에게 확연히 드러났던 가치절하의 태도가 지금 당신에게도 확연하게 나타나는 것처럼, 당신은 자녀에게 가치절하의 메시지를 전달하고 있고 자녀는 당신이 그랬던 것처럼 희생자의 자기비난을 내면화하고 있다. 가정 안에서 이뤄지는 가치절하는 이처럼 악순환 된다. 당신으로부터 자녀로 이어지는 가치절하 메시지의 흐름을 중단시키려면, 당신 자신의 가치절하 태도를 다룸으로써 그 순환의 고리를 끊어야 한다.

악순환을 끊는 첫 단계는 자신의 가치절하 사고 유형을 인식하는 것이다. 당신은 삶 속에서 문제의 존재나 심각성을 부인하는가? 당신은 문제해결의 가능성이나 문제를 해결할 수 있는 당신의 능력을 부인하는가? 당신은 지나치게 자기 비판적인가? 당신은 자신의 책임이 아닌 상황에 대해 자신을 탓하는가? 당신은 어떤 식으로든 자신을 학대하는가?

가치절하의 성향은 우리 안에 너무나도 깊이 스며들어 있어서 나도 모르게 자동적으로 반응하게 되는 경우가 종종 있다. 그 문제를 표면으로 이끌어내기 위해서는 많은 수고를 해야 하지만, 그 결과는 그만한 가치가 있을 것이다. 이렇게 하는 것은 당신의 죄책감을 가중시키거나 당신 자신을 괴롭히려는 것이 아님을 기억하라. 단지 당신의 행동이 어느 정도로 가치절하 사고에 따른 것인지 알기 위한 것이다.

가치절하가 당신의 삶의 한 부분인지 파악할 수 있는 한 가지 방법은 당신이 문제에 어떻게 반응하는지를 추적 조사해보는 것이다. 매일 여러 번 이렇게 자문하라. 나는 문제가 분명히 존재함에도 불구하고 부인하고 있는가? 나는 문제가 심각하지 않은 척 가장하고 있는가? 나는 문제에 과장된 반응을 하고 있는가? 나는 그 문제에 아무 해결책이 없다고 단정하는가? 나는 문제해결을 위해 다른 사람에게 도움을 요청했는가? 나는 내가 해결할 수 없다고 생각해서 어떤 상황을 거부했는가?

가치절하에 대한 좋은 소식은 당신이 변화될 수 있고, 당신의 가정에서 악순환의 고리가 끊어질 수 있다는 것이다. 그렇게 되려면 당신은 자신의 태도와 반응에 대한 탐구자가 되어야 한다. 일단, 당신의 가치절하 양식이 무엇인지 파악하고 나면, 대안이 되는 북돋우는 접근법과 해결책을 자유로이 선택할 수 있다. 당신이 자신에 대해 깨닫게 된 것은 자녀에 대한 당신의 가치절하 반응이 변화되도록 도울 것이다.[2]

북돋아 주는 메시지는 유익하다

북돋아 주는 메시지란 자녀의 좋은 점을 자녀에게 전달하는 메시지다. 물론 긍정적인 메시지 자체가 자녀의 가치를 높이는 것은 아니며, 이미 자녀는 하나님이 보시기에 값을 매길 수 없을 만큼 귀하다. 북돋아 주는 메시지는 자녀가 자신의 가치를 높임으로써 배우고, 성장하고, 성숙하고, 독립성을 얻을 수 있는 문을 열어준다.

우리는 자녀를 매일 북돋아 줄 필요가 있다. 가볍고 즉흥적인 말이나, 계획되고 직접적이며 얼굴을 맞대고 하는 말이나 똑같이 효과적이다. 북돋아 주는 말에는 교정보다 인정이 더 많아야 한다. 며칠 동안 자녀에게 전달한 메시지를 기록하여 저울이 어느 쪽으로 기울었는지 살펴보라. 만일 당신이 매일 북돋아 주는 메시지를 전달하기에 중점을 둔다면, 그것은 곧 당신의 자동적인 반응이 될 것이다.

북돋아 주기는 당신이 자녀의 배우고, 변화하고, 성장할 수 있는 능력을 믿는다는 것을 보여준다. 또 북돋아 주기는 당신이 자녀에 대해 어떤 자아상을 갖고 있는지를 보여준다. 자녀의 마음은 컴퓨터와 같다. 당신이 자녀에게 보내는 모든 메시지는 두 가지 파일 중 하나로 들어가는데, 그것은 가치절하와 북돋움이다. 더 많은 자료를 가진 파일에 따라 당신의 자녀가 자신에 대해 어떻게 생각하고 느낄지 결정될 것이다. 북돋움이 정기적으로 이뤄질 때, 희생자의 자기비난은 당신 자녀의 삶에 결코 발붙이지 못할 것이다.

북돋아 주는 메시지는 무조건적인 사랑에 기반을 두는데, 무조건적인 사랑은 의도적으로 개발되어야 하며, 특히 당신이 가치절하가 팽배한 가정의 출신이라면 더욱 그렇다. 당신은 삶의 공허함을 채워 주시는 예수 그리스도를 의지할 수 있고, 또 예수님이 우리를 사랑하시는 것과 같은 무조건적인 사랑을 배우는 데 있어서도 그분의 도우심을 의지할 수 있다.

건강한 자아를 가진 자녀로 성장하도록 돕는 북돋아 주는 메시지의 두 가지 유형을 살펴보자. 첫째 유형은 자녀의 좋은 행동과 올바른 선택에 대한 인정과 칭찬이다. 둘째 유형은 나쁜 행동과 잘못된 선택을 교정하며 북돋아 주는 메시지다.

긍정적인 면을 강조하기

보통 부모들에게 더 쉬운 것은 자녀의 부정적인 행동을 긍정적인 방식으로 다루는 것보다 긍정적인 행동을 인정해주는 것이다. 우리는 다음과 같이 북돋아 주는 인정과 칭찬을 전달하도록 늘 자신을 환기시켜야 한다.

- "너는 친구들에게 참 친절하구나."
- "너는 도구를 다루는 능력이 참 뛰어나."
- "오늘 네가 맡은 집안 일을 잘 처리해주어서 고맙다."
- "성적이 정말로 좋아졌구나."
- "엄마 맘에 쏙 들게 네 방을 청소했구나. 고맙다."
- "넌 아빠에게 참 특별한 사람이야."
- "엄마는 네가 내 자식인 게 정말로 기뻐."
- "내가 널 사랑하는 건 네가 사랑받을 자격이 충분히 있기 때문이야. 넌 사랑받으려 애써 노력할 필요가 없어."
- "네가 그저 네 모습 그대로 있는 것만으로도 내 삶을 완전하게 해."
- "네가 있어서 아빠는 정말 기뻐. 너로 인해 아빠는 인생의 많은 것을 배우게 된단다."

이러한 인정은 자녀에게 다음과 같은 인식을 갖게 한다. "엄마, 아빠는 날 정말로 사랑하셔. 그분들은 내가 사랑스러운 아이라고 생각하셔. 나는 엄마, 아빠에게 중요한 존재야. 엄마, 아빠는 내가 문제에 직면할 때 스스로 해결하도록 돕기를 원하셔. 내게 일어나는 일은 그분들에게 매우 중요해. 그분들은 내가 스스로 생각하고 좋은 결정을 내릴 수 있다는 걸 믿으셔."

북돋아 주는 메시지를 전달하려면 반드시 당신의 가치판단이 자녀의 인격이 아닌 자녀의 행동에 결부되어야 한다. 예를 들어, 걸음마를 시작한 어린아이가 거실을 탐색하다가 TV가 손닿는 곳에 있는 것을 발견하고 다가간다. 아이는 반짝이는 부품과 스위치에 매료되어 만지려고 손을 뻗는다. 그때 엄마는 "만지지 말아라, 조슈아. TV는 보는 것이지 만지는 것이 아니라고 엄마가 말했지? 네가 만져도 되는 것들은 여기 있어"라고 말한다. 그리고 엄마는 장난감이 든 상자를 흔들어 보인다. 조슈아는 잠시 동안 TV 앞에 서서 갈등한다. 그러다 장난감을 향해 돌아선다.

당신이라면 조슈아를 칭찬하기 위해 무슨 말을 했겠는가? 많은 사람이 "조슈아, 넌 참 착하구나!"라고 말했을 것이다. 만일 조슈아가 엄마의 말을 거역하고 TV를 만졌다면, "조슈아, 넌 나쁜 애야!"라고 말했을 것이다. 그러나 그러한 말들에는 조슈아에 대한 가치판단이 담겨 있다. 조슈아는 자신이 때에 따라 착하기도 하고 나쁘기도 하다는 것을 알게 되고, 그것은 그 아이의 자아인식에 혼란을 준다.

그러나 조슈아의 어머니는 "잘 선택했어, 조슈아!"라고 말했다. 조슈아의 어머니는 아이가 좋은 선택을 할 수도 있고 나쁜 선택을 할 수 있는데, 좋은 선택을 하면 칭찬받고 나쁜 선택을 하면 지적받는다는 것을 배우기 원했던 것이다. 이 과정에서 조슈아는 늘 좋은 아이로 여겨지고 북돋아진다. 이 미묘하고도 중요한 구별은 자녀의 자아상에 확연한 차이를 초래할 수 있다.

부정적인 것에 대한 대처

자녀가 잘못된 선택을 하거나 잘못된 행동을 할 때, 그들의 행동은 고쳐져야 한다. 그러나 우리의 관심은 그들을 항상 북돋아 주는 것에 있으므로, 고쳐주는 메시지도 긍정적이고 인정하는 방식으로 전달해야 한다. 우리가 자녀를 고쳐주는 것은 그들을 기분 나쁘게 하려는 것이 아니라, 그들이 일을 더 잘할 수 있는 방법을 발견하게 하려는 것이다. 다음은 북돋아 주며 교정하는 대화법에 대한 몇 가지 예다.

- "그걸 할 때 네가 더 좋아할 만한 방법이 있단다."
- "너는 칭찬을 받아들이길 어려워하는 것 같구나. 아마도 넌 칭찬을 받아들이길 더 연습하고, 난 칭찬을 하길 더 연습해야 할 것 같다."
- "네가 내 말을 잘 알아들었는지 모르겠구나. 네가 들은 것을 한번 얘기해보렴. 만일 네가 다르게 들었으면 다시 말해줄게."
- "지금 너를 돕고 돌봐주고 싶으니 한번 들어보렴."

- "너는 더 이상 그렇게 하면 안 되지만, 그 대신 이렇게 할 수 있어."
- "그건 좋지 않은 선택이었지만, 난 네가 올바른 길로 되돌아가는 데 도움이 될지도 모르는 몇 가지 좋은 아이디어를 가지고 있단다."
- "넌 지금 주목하지 않고 있구나. 넌 귀 기울여 듣고 생각하는 걸 참 잘 하는데, 지금 네 행동을 보니 뭔가 따로 생각하는 게 있는 것 같아. 그게 뭔지 궁금하다."

자녀에게 "그만해"라고 말할 때마다, 당신의 메시지에 자녀가 무엇을 하면 좋을지에 대한 대안도 반드시 포함하라. 만일 당신이 긍정적인 제안들을 덧붙이지 않으면, 당신이 해주는 교정은 부정적인 비판으로 보일 것이다. 그것이 자녀의 유해하고 파괴적인 행동을 중지시킬 수는 있을지 모르지만, 자녀의 자제심이나 대안에 대한 자신감을 세우는 데는 실패할 것이다.

당신의 관심과 애정을 반영하는 어조로 교정의 메시지를 전달하라. 우리의 어조는 말보다 다섯 배나 큰 영향력을 갖는다. 또한 손이나 어깨를 만지거나 포옹하며 교정의 메시지를 전달하라. 불편한 내용을 가지고 자녀와 직면해야 할 때에도, 당신의 비언어적인 긍정의 표현은 당신의 사랑과 관심을 자녀에게 전달할 것이다.

당신이 긍정적인 언어나 비언어의 메시지로 자녀를 북돋울 때, 자녀는 위로와 사랑과 도움을 받는다고 느낄 것이다. 가장 효과적인 것은 북돋아 주는 메시지를 풍성히 전달하면서도, 자녀의 고유한 필요를 충족시킬 수 있도록 각 자녀에게 구체적으로 맞추는 것이다.

그에 대한 보상은 무엇인가? 북돋아 주려는 당신의 노력은 자녀가 스스로 생각하고 행동하도록 도움으로써 자녀의 성숙과 독립성을 고취시킬 것이다. 자녀가 아동기와 청소년기를 지나 성인기에 들어설 때까지 당신이 끊임없이 북돋아 준다면, 당신은 자녀가 스스로를 아끼고 돌보는 한 성인이 되도록 도왔다는 사실 하나만으로도 만족을 얻을 것이다.[3]

행복한 부모 되기 스터디 가이드

당신의 배우자, 신뢰하는 친구,
또는 당신이 속한 스터디 그룹과 함께 나누세요.

Q 당신은 가치절하의 메시지(언어적이든 비언어적이든)를 다음 중 하나 이상의 항목에서 자녀에게 전한 적이 있는가?

☑ 위기에 처하거나 슬퍼할 때의 가치절하

   나의 메시지 :

   자녀의 반응 :

☑ 웃음을 통한 가치절하

   나의 메시지 :

   자녀의 반응 :

☑ 학대를 통한 가치절하

   나의 메시지 :

   자녀의 반응 :

☑ 무시를 통한 가치절하

   나의 메시지 :

   자녀의 반응 :

☑ 조건적 사랑을 통한 가치절하

　나의 메시지 :

　자녀의 반응 :

☑ 응석 받아주기를 통한 가치절하

　나의 메시지 :

　자녀의 반응 :

Q 당신은 가치절하가 팽배한 가정 출신인가? 만일 그렇다면, 당신의 부모님이 당신에게 전달한 가치절하의 메시지는 무엇이었는지 설명하라. 그것이 당신 자신의 태도와 현재 당신의 가정에 어떻게 지속되고 있는가?

Q 이번 장에서 배운 북돋아 주기의 개념을 당신의 부모역할에 적용하는 첫 단계로 다음의 질문들에 대답하라.

　☑ 나는 어떤 종류의 북돋아 주는 메시지를 자녀에게 전달하기 원하는가?

☑ 나는 북돋아 주는 메시지로 무엇이 성취되기를 원하는가?

☑ 나는 북돋움의 결과로 자녀가 무엇을 느끼기를 원하는가?

☑ 나는 북돋움의 결과로 자녀가 무엇을 생각하기를 원하는가?

note
1) Jean Illsley Clarke and Connie Dawson, Growing Up Again(New York : Harper and Row, 1989), adapted from pp. 17-27.
2) Ibid., adapted from pp. 79-97.
3) Ibid., adapted from pp. 53-61.

3부

자녀별 맞춤 의사소통

모든 자녀는
값을 매길 수 없이 귀하다

최근 우리의 크리스천 결혼 상담소Christian Marriage Enrichment는 새로운 사무실로 이전했다. 우리가 입주하기 직전에 건물주는 건물에 카펫을 새로 깔았다. 그러나 어떤 이유에서인지 처음에 주문한 카펫이 20야드 모자랐기 때문에, 모든 방에 새 카펫이 깔렸지만 한 방만은 2주 동안 깔리지 못했다.

마침내 마지막 20야드가 깔렸을 때, 나는 뭔가 흥미로운 점을 발견했다. 같은 상표, 같은 디자인, 같은 색깔의 카펫이었지만, 처음 주문한 것보다 아주 근소하게 색이 흐렸다. 카펫을 깔아주는 사람에게 이유를 물어보자 그는 주문받은 두 카펫을 만들 때 각각 염료 비율이 달랐다고 말했다. 그는 이렇게 설명했다. "새로 염료를 섞을 때 회사에서는 색을 똑같게 하려고 노력하지만, 염료 비율은 늘 약간씩 다르기 마련이에요. 두 카펫을 나란히 놓고 볼 때까지는 그 차이를 알 수가 없죠."

그 카펫에 대한 경험을 통해 나는 같은 가정의 자녀가 서로 얼마나 다를 수 있는지에 대해 생각하게 되었다. 자녀는 똑같은 부모에게서 태어나고, 똑같은 집에서 자라며, 똑같은 음식을 먹지만, 일란성 쌍둥이를 포함해서 어떤 자녀도 둘이 완전히 같지는 않다. 각 자녀의 생물적, 신경적, 대사적 구조는 고유하다. 각 자녀의 지적 잠재성도 다르다.

왜 그럴까? 그것은 부모에게서 물려받은 자연적 특징들의 조합이 자녀마다 조금씩 다르기 때문이다. 뿐만 아니라 같은 부모에게서 연이어 태어나는 자녀라 하더라도 가족 환경이 다르다. 첫 아이는 엄마와 아빠의 두 식구로 이뤄진 가정에서 태어난다. 둘째 아이는 엄마와 아빠, 형이나 누나 세 명으로 이뤄진 가정에서 태어난다. 새로운 식구가 더해질 때마다 가족들 사이의 역할은 달라진다.

같은 가정에서 태어나는 자녀가 각기 다른 또 하나의 이유는 부모 역시 계속해서 변하기 때문이다. 식구가 더해질 때마다 엄마와 아빠는 나이가 들고, 바라건대 더 지혜로워지고, 경제적으로 더 안정되거나 덜 안정되며, 상이한 인격발달 단계에 있다. 더 나아가, 각 자녀는 하나님의 고유한 디자인으로 창조되었기 때문에 모두 다를 수밖에 없다.

의사소통의 열쇠 : 자녀의 고유성 발견하기

자녀를 더 잘 이해하고, 그들의 장점을 올바로 인식하고, 더 효과적으로 의사소통하기 위해 가장 중요한 것은 각 자녀의 고유성을 발견하는 것이다. 자녀 간의 차이를 이해하려는 노력을 통해 많은 유익을 얻을 수 있다는 것을 당신과 자녀 모두 깨닫게 될 것이다.

첫째 유익 자녀의 고유성을 이해할 때, 당신이 느끼는 부모역할의 좌절감 수준은 감소될 것이고, 마음의 평화와 각 자녀의 개성에 적응할 수 있는 능력은 증가될 것이다. 당신이 자녀를 더 잘 이해할수록, 당신과 자녀 간의 갈등은 줄어들 가능성이 크다.

둘째 유익 자녀의 고유성을 이해할 때, 각 자녀의 발달이 강화될 것이다. 그리고 자녀가 여러 발달 단계를 거쳐 발전할 때 당신은 그들의 좋은 지원자가 될 수 있다.

셋째 유익 자녀의 고유성을 이해할 때, 당신은 그들의 사회적 발달에 알맞은 놀이 활동을 계획할 수 있다. 당신은 어떤 활동이 한 자녀의 사회적 발달은 돕고, 다른 자녀의 발달은 저해하는지 알 수 있다. 한 자녀가 재미있어 하는 것을 다른 자녀는 지루해한다. 어떤 아이는 뭔가를 다른 사람들과 함께할 때 가장 잘하고, 또 어떤 아이는 혼자 할 때 가장 잘한다. 자녀의 사회적 유형을 아는 것은 자녀의 사회적 필요를 충족시키는 데 도움이 된다.

넷째 유익 자녀의 고유성을 이해할 때, 당신은 그들의 다양한 학습 유형을 알 수 있다. 어떤 자녀는 배우는 것 자체를 좋아하기 때문에 배운다. 어떤 자녀는 그들이 배운 것을 삶에 적용하기 위해 배운다. 또 어떤 자녀는 배우는 것 자체에 관심이 거의 없기 때문에 외부적 동기부여가 필요하다. 각 자녀의 학습 유형을 이해하는 것은 그들의 교육적 필요를 충족시키는 데 도움이 될 뿐만 아니라, 당신이 자녀와 효과적인 방식으로 의사소통할 수 있도록 돕는다.[1] 이번 장의 후반부에서 여러 가지 학습 유형에 대해 더 논의할 것이다.

다섯째 유익 자녀의 고유성을 이해할 때, 당신의 의사소통 유형을 각 자녀의 의사소통 유형에 맞추어 조정할 수 있다. 예를 들어, 어떤 자녀가 한 번에 너무 많은 세부정보를 받는 것을 감당하지 못한다면, 당신은 일정 기간에 걸쳐서 작은 토막들로 나누어 주어야 한다는 것을 알 수 있을 것이다. 또 만일 어떤 자녀가 감정보다 사실에 더 반응을 보인다면, 당신은 그 자녀에게 사실을 전달해야 한다는 것을 알게 될 것이다. 당신의 의사소통 스타일을 각 자녀에게 맞춤으로써 모든 자녀가 당신의 말을 듣고 이해할 수 있게 될 것이다.

여섯째 유익 자녀의 고유성을 이해할 때, 당신은 부모로서 가장 중요한 과제 중 하나인 '자녀 인정하기'를 잘할 수 있게 될 것이다. 자녀가 서로 비교하기 시작할 때, 그들은 자신이 가진 특징보다 가지지 못한 특징에 더 초점을 맞추는 경향이 있다. 따라서 자녀는 자신들이 얼마나 특별한지 긍정적인 방식으로 당신에게서 거듭 들어야 한다.

예를 들어, 일곱 살짜리 존이 모형비행기를 조립하는 데 실패했다고 하자. 존은 아버지에게 "전 포기했어요. 전 아무것도 제대로 하지 못해요"라고 말한다.

아빠는 이렇게 대답한다. "얘야, 때로는 나도 너처럼 느낀단다. 그렇지만 지금까지 널 지켜보면서 네가 많은 걸 잘할 수 있다고 생각하게 되었단다."

"무슨 말씀이세요?" "너는 엄마와 아빠, 그리고 애완동물을 잘 돌보고 아껴주는 사람이야. 넌 항상 엄마와 아빠에게로 와서 기분이 어떤지 물어보고, 우리의 기분이 좋지 않을 때는 작은 카드를 만들어 주었어. 넌 머피와 치퍼에게도 매우 친절하고 참을성 있게 대했으며, 늘 먹이그릇에 충분한 음식과 물을 담아 주었지. 나는 그런 것들이 네가 잘하는 여러 가지 중에 일부분이라고 생각해."

자녀의 고유성을 이해하고 인정할 때는 존의 아버지처럼 당신이 인정하는 특성의 구체적인 예를 반드시 첨가하도록 하라. 또한 각 자녀가 다른 식구들의 고유한 가치를 알고 올바로 인식하게 하는 것도 중요하다. 예를 들어, 존의 아버지는 이런 말을 덧붙일 수도 있다.

"엄마와 나는 네가 식구들에게 얘기해주는 모든 아이디어와 정보도 고맙게 생각한단다. 너와 네 누이는 둘 다 매우 특별해."

부모가 각 자녀의 고유성을 인정할 때, 그들은 하나님이 자신을 있는 모습 그대로 받아들이신다는 것을 훨씬 더 쉽게 믿을 수 있다.

각 자녀의 고유성을 깨닫고 인정하며 각 자녀가 고유한 특질과 능력을 개발하도록 돕는 일에는 막대한 양의 시간, 지혜, 기도가 필요하다. 그러나 많은 부모는 이 과정이 자녀에게 얼마나 절대적으로 중요한지 인식하지 못한다. 체스 박사와 토마스 박사가 유아 231명의 행동발달을 20년에 걸쳐 연구한 결과는 이 중요성을 부각시킨다. 그 연구는 부모와 자녀 간의 상호작용이, 자녀의 고유한 능력이 어떻게 개발되는지와 부모와 자녀 사이에 얼마나 큰 긴장이 존재하는지에 영향을 미친다는 것을 보여주었다. 스텔라 체스Stella Chess 박사는 그녀의 저서 「당신의 자녀는 하나의 인격체다」Your Child Is a Person에서 성공적인 부모-자녀 관계의 핵심 요소를 이렇게 말한다.

부모와 자녀 사이에 얼마나 '적합성'이 있는지가 핵심이다. 부모의 기대와 요구가 자녀의 능력 및 행동양식과 일치할 때, 자녀는 즐겁게 최적의 발달을 이루었다. 그러나 부모가 자녀의 특별한 기질을 올바로 인식하지 못했을 때에는 문제가 발생했다. 놀랍게도, 이혼이나 부모의 죽음도 이 기본적인 적합성만큼 중요하지 않았다.[2]

자녀의 고유성을 이해하는 방법

어떻게 하면 부모가 자녀의 고유성을 발견할 수 있는가? 내가 당신에게 해줄 수 있는 최선의 응답은 기다리고, 주시하고, 귀 기울여 듣고, 당신의 관찰과 발견들을 누적해서 조사하라는 것이다. 당신의 자녀에 대해 스스로 질문하되, 특별히 앞으로 논의할 항목들을 염두해 두라.

동기부여 유형을 발견하라

당신의 자녀를 행동하게 하는 것은 무엇인가? 그는 내면의 동기에 의해 움직이는가, 아니면 외부에서 오는 동기에 의해 움직이는가? 그의 에너지는 자신 안에서 나오는가, 아니면 다른 사람이나 상황에서 오는가? 어떤 아이들은 자신의 아이디어에서 추진력을 얻어 행동한다. 그들에게는 어떤 외부적 도움도 필요하지 않다. 어떤 아이들은 다른 사람이나 기타 외부적 요인들에 영향을 받아 행동한다. 당신이 자녀의 고유성을 이해하고 자녀와 효과적으로 의사소통하려면, 무엇이 자녀에게 동기를 부여하는지 반드시 알아야 한다.

만일 당신의 자녀가 스스로 자신에게 동기를 부여한다면, 그를 행동하게 하는 힘은 구체적으로 무엇인가? 우리가 살펴보아야 할 몇 가지 가능성이 다음에 있다.

- 싹이 튼 창의적 아이디어들
- 생각 속에 서서히 스며든 개념들
- 설득력 있는 아이디어를 낳는 상상력
- 현실화되기를 갈망하는 공상
- 적용되기를 갈망하는 가치관이나 원칙들
- 실행되기를 갈망하는 논리적 생각들
- 적용될 수 있는 직관적 인식들
- 표현하고 싶은 확신들

'자기 동기부여형' 자녀와 의사소통하는 데에는 기교가 필요하다. 당신은 자녀에게 하는 말을 명령이 아닌, 가능성이나 제안의 형태로 만들어야 한다. 이런 유형의 자녀는 직접적인 정보와 지시보다 은근하고 간접적인 지도에 더 잘 반응한다. 다음과 같은 형태의 말로 자녀의 생각 속에 아이디어를 심어주도록 하라. "네가 ~할 수 있을까?" "혹시 ~하는 것을 생각해봤니?" "만일 ~라면 무슨 일이 일어날 거라고 생각하니?" "~를 제안한 기사를 봤니?" 자기동기 부여형 자녀가 적절하게 제시된 몇 가지 힌트만 가지고도 무언가를 하는 것을 본다면 당신은 놀라게 될 것이다.

만일 당신의 자녀가 다른 사람들에 영향을 받아 행동하는 유형이라면, 다음 중 어떤 상황에서 가장 빨리 반응하는가?

- 리더(선생님, 친구, 부모, 동년배)가 기회를 제공한다.
- 리더가 충족되어야 할 조건들을 제시한다.
- 권위자나 전문가가 반응을 요청한다.
- 감동을 불러일으키는 사람이 헌신을 촉구한다.
- 멘토가 지도한다.
- 팀이 지도한다.
- 동년배들이 지지한다.
- 사람들이 주목한다.
- 사람들이 따르거나 충성하거나 봉사한다.

'대인 동기부여형' 자녀의 부모로서 당신이 우선적으로 해야 할 역할은 다른 사람들의 부정적인 면과 긍정적인 면을 구별하도록 가르쳐주는 것이다. 당신의 자녀는 외부인들이 자신의 삶에 미치는 영향을 철저히 생각해보지도 않고 그들에게 반응할 수 있다. 당신의 조심스러운 질문은 자녀로 하여금 다른 사람과 함께 일을 한다는 것이 어떤 의미를 포함하는지에 대해 심사숙고하도록 도울 것이다.

만일 당신의 자녀가 환경에 이끌려 행동하는 유형이라면, 다음의 조건 중 어느 것이 가장 강하게 영향을 미치는 것 같은가?

- 다른 누구보다도 잘할 기회가 있다.
- 힘든 과제나 업무에 대한 요청이 있다.

- 탁월성을 드러낼 수 있다.
- 갈등에 직면할 수 있다.
- 뭔가를 수집할 수 있다.
- 돈을 벌 수 있다.
- 능력이나 기술이 개발될 수 있다.
- 우승할 가능성이 있다.
- 모험의 기회다.
- 뭔가 새로운 것이 세워지거나 개발될 수 있다.
- 변화가 일어날 수 있다.
- 갈등이 해결될 수 있다.
- 발견이 이뤄질 수 있다.
- 질서가 수립될 수 있다.
- 어떤 형태의 표현을 할 수 있다.
- 성과를 낼 가능성이 있다.

당신이 자녀의 관심사를 함께 토론하는 것은, 자녀로 하여금 무엇이 자신에게 동기를 부여하는지 인식하도록 도움을 준다. 자녀가 여러 가지 활동 중에서 선택하게 하는 것은 자녀의 성장에 매우 중요하다. 당신이 자녀의 동기를 유발하는 것을 발견하고 그 조건들을 조성할 때, 자녀가 당신에게 더 잘 반응하는 것을 발견하게 될 것이다.

속도 감각을 발견하라

우리는 모두 내면의 시계에 반응하며 각자 다른 속도로 살아간다. 어떤 사람은 내면의 초시계에 자신을 맞추고 있는 듯 인생을 빠른 속도로 경주한다. 어떤 사람은 시계보다는 내면의 달력에 따라 주의 깊고 질서정연하게 인생의 길을 꾸준히 걸어간다. 우리의 자녀 역시 자신만의 삶의 속도를 가지고 있다. 자녀의 고유성을 이해하고 그의 속도에 맞추려면, 어떤 종류의 시간이 자녀의 행동을 지배하고 있는지 알아내야 한다.

내면의 초시계에 의해 움직이는 자녀는 시간을 낭비하지 않는다. 이런 아이는 다음과 같은 특징을 보인다.

- 앉은 자리에서 하나의 과제를 마치기를 좋아한다.
- 일과가 끝나는 시간까지 프로젝트를 마치기를 원한다.
- 짧은 시간에 많은 생산을 할 수 있다.
- 즉각적인 결과와 피드백을 좋아한다.
- 자발적으로 뭔가를 할 수 있다.

'평균적인' 내면의 시계를 가진 자녀는 각 과업마다 적절한 양의 시간을 사용한다. 이런 자녀는 다음과 같은 특징을 보인다.

- '적절한 양'의 시간을 사용하기 원한다.

- 하나의 과업을 완수하기 위해 딱 맞는 시간을 낸다.
- 과업을 수행할 때 적절한 주의를 기울인다.
- 단기 과업과 목표를 선호한다.

내면의 달력에 자신을 맞추고 있는 자녀는 과업을 완수하는 데 많은 시간을 필요로 한다. 이런 자녀는 다음과 같은 특징을 보인다.

- 자기의 일에 대해 주의 깊고 정확하다.
- 세부사항까지 다루고 생각한다.
- 서두를 수도 없을 뿐더러, 서두르는 것을 용납하지도 않는다.
- 꼼꼼한 것을 즐긴다.
- 철저하게 모든 요점을 다룬다.
- 모든 것을 완전히 즐기기 원한다.[3]

학습 유형을 발견하라

당신이 학교 다닐 때를 잠시 돌이켜 생각해보라. 어떤 선생님은 당신의 관심을 사로잡아 열심히 공부하도록 자극했던 반면, 어떤 선생님은 당신을 졸게 만들었다는 것을 기억하는가? 당신이 선생님마다 다른 반응을 보인 이유 중 하나는 당신의 학습 유형 때문일 수 있다. 당신에게 가장 크게 동기를 불러일으킨 선생님은 당신의 특정한 학습 유형에 맞추고 있었던 반면, 당신의 생각을 집중시키지 못한 선생님은 당신의 학습언어로 의사소통하기에 실패한 것일 수 있다.

모든 사람은 세 가지 통로를 통해 지각하는데, 그것은 보는 것, 듣는 것, 느끼는 것이다. 사람들에게는 각자 우세한 한 가지 지각 통로(보기, 듣기, 느끼기 중 어떤 것이든)가 있으며, 삶을 지각하는 주된 통로가 학습 유형의 기초가 된다. 시각지향적인 사람들은 눈을 통해 가장 잘 배운다(시각적 자료, 도표, 독서, 그림, 비디오 등). 나는 시각지향적인 사람이다. 사물을 보는 것이 마음에 더 잘 기록된다. 그래서 나는 라디오 방송에서 말하는 것보다 사람들을 직접 대면하여 말하는 것을 선호한다. 청중들을 보면서 그들의 비언어적 의사전달을 읽는 것이 나에게 도움이 된다.

청각지향적인 사람은 귀로 가장 잘 배운다(강연, 오디오 파일, 구두지시, 듣기 등). 그리고 감성지향적인 사람은 그들의 직관적 지각을 통해 가장 잘 배운다(영적 통찰력, 내면적 인식, 정서적 감화 등).

자녀의 고유성에 맞추기

만일 당신이 자녀와 의사소통하는 데 어려움을 겪고 있다면, 그것은 그들의 주된 지각 학습 유형에 호소하고 있지 않기 때문일 수 있다. 예를 들어, 당신은 자녀에게 더러워진 옷을 빨래바구니에 넣으라고 반복해서 말했다. 당신이 그렇게 자주 말로 경고했음에도 불구하고, 왜 자녀가 계속 옷을 옷장에 던져두는지 당신은 이해할 수가 없다. 심지어 당신은 일주일 동안 연속해서 옷을 빨래바구니에 넣으면 사탕을 주겠다고 약속까지 했다. 그런데도 당신의 자녀는 마치 귀가 멀기라도 한 것 같다! 사실 어떤 면에서는 그럴지도 모른다. 그 아이는 시각지향적이거나 감성지향적이기 때문에 당신의 언어적 훈계가 쉽사리 전달되지 못하는 것일 수도 있다. 당신은 그 아이가 가장 잘 이해하는 언어로 그에게 말하고 있지 않은지도 모른다.

최선의 문제해결 방법은 당신의 메시지를 자녀의 학습 유형 언어로 옮기는 것이다. 만일 자녀의 학습 유형이 무엇인지 모른다면, 세 가지 유형으로 모두 의사소통을 해보고 어느 것이 가장 좋은 반응을 불러일으키는지 살펴보라. 자녀가 더러워진 옷을 빨래바구니에 담으라는 당신의 언어적 훈계에 반응하지 않는다면 자녀의 시각에 호소하기를 시도해보라. 더러운 셔츠를 빨래바구니에 떨어뜨리는 그림이 그려진 간단하고 눈에 띄는 색깔의 포스터를 만들어 자녀의 침실 문이나 욕실 유리에 붙여놓아라. 포스터에 사탕 포장지도 붙여두어 당신이 약속한 보상을 시각적으로 상기하게 하라.

또는 자녀의 감정에 호소하기를 시도하라. 일주일 동안 연속해서 빨래바구니에 빨래를 넣었을 때 자녀가 누릴 성취감에 대해 말해주어라. 그가 당신의 지시에 잘 반응할 때 당신이 얼마나 기분이 좋은지를 말하라. 순종으로 하나님을 기쁘시게 하는 것의 중요성에 대해 말하라. 그가 성공했을 때에는 웃는 얼굴 스티커를 빨래바구니나 칭찬스티커판 위에 붙여라.

당신이 조금만 시간을 들이고 주의를 기울인다면, 각 자녀의 지각 학습 유형을 발견할 수 있을 것이다. 그들이 사용하는 말을 잘 들어 보라. 그들이 사용하는 단어가 당신에게 단서를 제공할 수 있다. "내가 보기에 엄마의 말은 ~라는 뜻인 것 같은데"라거나 "어디 봐요, 엄마"라고 말하는 자녀는 시각지향적인지도 모른다. "아빠, 다시 말씀해주세요"라거나 "제가 듣기에 아빠 말은 ~라는 말씀이죠?"라는 말을 하는 아이는 청각지향적인지도 모른다. 그리고 "그 이야기를 들으니 행복해"라거나 "엄마 말대로 하지 않으면 난 기분이 안 좋아"라고 말하는 아이는 감정지향적인지도 모른다.

또 당신이 사용하는 단어에 자녀가 어떻게 반응하는지도 살펴보라. 다음의 메시지를 사용하면서 그것이 의사소통을 더 분명히 하는 데 도움이 되는지 보라.

- **시각지향적 질문과 진술들**

"쟈니, 너는 그것이 ~하게 보이지?"

"샐리, 네 말로 보아, 너는 그걸 이렇게 보는구나."

"짐, 너도 그걸 이렇게 보니?"

"켄, 이 문제를 어떻게 보니?"

- **청각지향적 질문과 진술들**

"쟈니, 내가 듣기에 네 말은 ~라는 것이지?"

"내가 네 말을 똑바로 들었다면, 네 말은 ~이지?"

"이 계획이 네게는 어떻게 들리니?"

• 감정지향적 질문과 진술들

"쟈니, 너는 ~하게 느끼는 것 같구나."
"샐리, 이 일이 너를 ~한 기분으로 만든다는 말이니?"
"켄, 네가 이 문제를 다룰 수 있다고 느끼니?"

자녀의 학습 유형은 초기경험이나 부모의 영향과는 아무 관련이 없다. 자녀는 본래 그렇게 창조되었고, 그의 학습 유형은 본성에 내재된 부분일 뿐이다. 자녀의 모든 학습경험이 중요하긴 하지만, 자녀가 갖고 태어난 학습 유형을 지혜롭게 사용할 때 최대의 성공이 이루어질 것이다. 자녀의 고유한 동기부여 유형, 속도 감각, 학습 유형을 알게 되었을 때, 그것을 변화시키려 하지 말라. 그렇게 해봤자 효과가 없을 것이다. 자녀의 고유한 기질을 잘 활용하고, 그 방향으로 더 격려하라. 자녀는 더 많이 배울 것이고, 부모로서 당신이 느낄 좌절감 수준도 감소될 것이다.

만일 당신에게 두 명 이상의 자녀가 있다면, 바로 당신의 가정에서 동기부여 유형, 속도 감각, 학습 유형의 차이를 관찰해보았을 것이다. 한 자녀는 대담하고 재빠른 반면, 다른 자녀는 느리고 주저하는 형일 때의 좌절감을 당신은 맛보았을 것이다. 한 자녀는 상자 위에 인쇄된 지시문만으로도 조립을 잘하는 반면, 다른 자녀는 "보여주세요"라고 말하며 당신의 도움을 필요로 할 것이다. 그 아이는 어떻게 해야 할지 모를 때마다, 당신에게로 와서 시연해달라고 할 것이다. 혼자서 이해하며 해보라고 아무리 많이 말해도, 그 아이는 당신의 말을 거부할 것이다.

각 자녀의 고유성을 이해하는 것이 얼마나 중요한지 강조하기 위해 내가 매우 좋아하는 작가인 척 스윈돌Chuck Swindoll의 글을 인용하고자 한다.

부모들이 나에게 "우리가 어린 자녀에게 줄 수 있는 최대의 선물은 무엇입니까?"라고 질문하면, 나는 즉시 이렇게 대답할 것이다.
"민감한 마음입니다. 이것은 급박한 스케줄의 압박 가운데 살면서 긴급한 일들의 횡포와 전투를 벌이는 바쁜 부모들 사이에서 특히 찾아보기 어려운 것입니다. 그럼에도 불구하고 제가 당신께 하는 조언은 당신의 자녀가 어떤 아이인지 발견할 수 있을 정도의 시간을 내라는 것입니다. 당신의 자녀가 자기 자신이 누구인지 알게 도우십시오. 그것에 대해 자녀와 토의하십시오. 자녀가 자기 자신을 알게 도움으로써 그들이 자신을 사랑하고, 있는 모습 그대로 받아들일 수 있게 하십시오. 그러면 그들은 자신들을 가루로 빻아 다른 모습으로 빚으려 안달하는 사회 속에 들어갔을 때에도, 자신에게 진실한 모습으로 남아있을 것이며, 독립된 성인으로서 하나님과 동행하는 삶을 안정감 있게 살아갈 것입니다."[4)]

행복한 부모 되기 스터디 가이드

당신의 배우자, 신뢰하는 친구,
또는 당신이 속한 스터디 그룹과 함께 나누세요.

Q 아래의 빈칸에 자녀의 이름을 기록하라. 그리고 각 자녀의 고유성을 잘 나타내는 세 가지 설명을 기록하라(리더, 컴퓨터 광, 단정함, 단 것을 좋아함 등). 두 명의 자녀에게 똑같은 말을 사용하지 않도록 하라.

☑ 이름 :

1.

2.

3.

☑ 이름 :

1.

2.

3.

☑ 이름 :

1.

2.

3.

☑ 이름 :

    1.

    2.

    3.

Q 각 자녀는 동기부여 유형, 속도 감각, 학습 유형의 항목에서 어떻게 독특한가? 아래의 빈칸에 자녀의 이름을 쓰고, 세 가지 항목마다 간략하게 그들의 고유성을 설명하라.

☑ 이름 :

    동기부여 유형 :

    속도 감각 :

    학습 유형 :

☑ 이름 :

    동기부여 유형 :

    속도 감각 :

    학습 유형 :

☑ 이름 :

　　동기부여 유형 :

　　속도 감각 :

　　학습 유형 :

☑ 이름 :

　　동기부여 유형 :

　　속도 감각 :

　　학습 유형 :

🕮 note

1) Ralph Mattson and Thom Black, Discovering Your Child's Design(Elgin, IL: David C. Cook Publishers, 1989), adapted from pp. 61-64.
2) Ann Crittenden," Babies Are Born Different,"McCall's(September, 1986), adapted from pp. 107, 149, 150, 151. Quoted in Barbara Sullivan, No Two Alike(Old Tappan, NJ: Fleming H. Revell, 1987), p. 35. Used by permission.
3) Mattson and Black, Discovering Your Child's Design, adapted from pp. 108-112.
4) From the book Growing Wise in Family Life by Charles R. Swindoll, copyright 1988 by Charles R. Swindoll, Inc. Published by Multnomah Press, Portland, Oregon 97266. Used by permission.

첫째 자녀와 의사소통하기

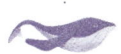

왜 어떤 자녀는 주도적인 리더인 반면, 다른 자녀는 수동적인 추종자인가? 왜 어떤 자녀는 단정하고 예의 바른 반면, 다른 자녀는 지저분하고 까칠한가? 자녀 사이에는 차이점이 무수히 많은데 무엇이 그 원인을 설명해주는가? 간단히 말해서 각 자녀를 고유하게 만드는 것은 무엇인가?

많은 유전적 요인과 환경적 요인이 자녀의 고유성에 영향을 미친다. 다음 세 장에서 우리는 가장 우선적인 두 가지 요인을 살펴볼 것인데, 그것은 출생순서와 성격이다. 이번 장에서는 첫째 자녀의 고유한 특징을 살펴볼 것이고, 다음 장에서는 중간에 태어난 자녀와 막내 자녀의 특징을 탐구할 것이다. 지난 수년간 아이들의 인성발달은 다양한 방법으로 설명되고 분류되어왔다. 12장과 13장에서 우리는 내가 가장 정확하다고 생각하는 '마이어 브릭스 성격유형지표'Myers-Briggs Type Indicator, MBTI의 견해를 논의할 것이다.

당신은 '출생순서와 성격에 대한 좋은 책이 이미 많이 있는데 왜 그것을 여기서 토의해야 합니까?'라고 궁금해할지도 모른다. 사실, 출생순서와 성격에 따른 특징을 이해하기 위한 좋은 자료는 많다. 그러나 앞으로 우리는 당신의 의사소통을 각 자녀의 고유한 출생순서와 성격에 잘 맞추도록 돕는 데 초점을 맞출 것이다. 그리고 각 장에서는 각 자녀에게 언어적, 비언어적으로 반응하는 것에 대한 구체적인 조언을 제공할 것이다.

'상표'는 사람에게 붙이는 것이 아니다

"상표를 읽으세요." "알맞은 상표를 찾으세요." "만일 이 보증상표가 없다면, 당신은 잘못된 물건을 살 수도 있습니다."

우리는 상표의 세계에 산다. 우리는 성분을 확인하기 위해 상표를 본다. 우리는 유행하는 옷을 입기 위해 좋은 상표의 옷을 산다. 우리는 건강과 투자한 돈을 보호하기 위해 상표를 의지한다. 잠시 생각해보자. 당신은 오늘 상표가 있는 물건을 얼마나 많이 입거나 사용했는가? 아마도 꽤 많을 것이다.

당신이 가게에 무엇인가를 사러 간다면, 물건의 상표를 보고 마음이 끌릴 것이다. 왜 그럴까? 품질의 일관성 때문이다. 똑같은 상표의 물건은 품질도 똑같다고 믿을 수 있으며, 일반적으로 이 사실은 모든 분야에 적용된다. 하지만 자녀만은 예외다. 우리는 꼬리표를 붙이는 것이 편하기 때문에 자녀에게도 상표처럼 꼬리표를 붙이는 경향이 있다. 나는 부모들이 "아, 제 아들은 ~예요. 그 아이가 어떻다는 건 모든 사람이 다 알아요"라고 말하는 것을 많이 들었다.

내용을 더 전개하기에 앞서, 나는 미리 한 가지를 경고하고자 한다. 다양한 '성격 특질'character traits에 대해 얘기할 때, 우리는 종종 우리 자신과 다른 사람들에게 꼬리표를 붙이곤 한다. 예를 들어, 많은 내담자가 자신의 성격유형을 담즙질, 점액질, 우울질, 다혈질로 파악한다. 또 다른 사람들은 자신의 배우자에 대해 완벽주의적, 충동적, 주관적, 외향적, 내향적, 기타 등등의 성격이라고 말한다. 그들은 자신이나 배우자에게 꼬리표를 붙임으로써 나의 정확한 이해를 돕는다고 생각한다.

우리는 부모로서도 똑같은 일을 한다. 우리는 각 자녀에게 꼬리표를 붙임으로써 그들의 행동을 설명하고, 때로는 이것이 자녀의 행동을 예견하는 데 도움이 될 것이라고 느낀다. 물론 자녀의 출생순서와 기본적 성격유형을 파악하는 것은 자녀를 이해하는 데 어느 정도 도움이 되기는 한다. 그러나 각각의 자녀는 고유하다. 우리가 붙이는 꼬리표에 상관없이, 각 자녀는 고유한 특징을 가지고 있다. 하지만 우리는 출생순서나 성격유형에 따라 자녀에게 꼬리표를 붙임으로써 자녀의 특징을 일반화해 버린다. 자녀를 꼬리표라는 색안경을 통해서 보기 때문에, 그들을 다른 첫째 자녀와 구별시키고, 다른 내향적인 사람들과 구별시키며, 그 외 같은 유형의 사람들과 구별시키는 하나님이 주신 특성들을 간과한다.

일단 자녀에게 꼬리표를 철썩 붙이고 나면, 당신의 자녀가 그 꼬리표와 상반되게 반응할 때 당황하게 될 것이다(분명히 당신의 자녀는 가끔 그럴 것이다). 뿐만 아니라 당신이 다른 사람들에게 자녀에 대해 외향적이라고 말하는 것을 자녀가 들으면, 그 자녀는 당신의 꼬리표에 맞추어 살아가려 할 것이고, 하나님이 그에게 주셨을 수도 있는 조용한 특성들을 개발하려 하지 않을 것이다. 이와 같이 꼬리표를 붙이는 것은 유용하기보다 해로울 수 있다.

우리가 앞으로 출생순서와 성격에 따른 특징을 설명하기 위해 사용하는 꼬리표들은 단지 편의를 위한 것이다. 이 특징들을 읽을 때 당신은 자녀가 어떤 항목에 들어맞는다는 것을 알게 될 수도 있다. 그러나 자녀를 확고부동한 꼬리표로 분류하는 대신, "전반적으로 말해서, 제 아이는…"이라고 말하도록 준비하라. 이런 균형 잡힌 반응은 자녀에게 고유성의 여지를 남겨 놓는다.

아마도 앞으로 설명할 내용 중에는 당신의 자녀뿐 아니라 당신 자신과도 일치하는 것이 있을 것이다. 당신의 성격이 자녀에 대한 당신의 기대에도 영향을 미칠 것이므로, 자신이 어떤 고유한 특징의 조합으로 이뤄져 있는지 아는 것이 좋다. 그러나 당신의 특징과 자녀의 특징이 같지 않은 것을 발견하더라도 놀라지 말라. 사실 그런 차이 때문에 부모와 자녀 사이의 의사소통은 많은 좌절이 발생한다. 때로 우리는 자녀가 우리와 같이 행동하고 우리와 같이 반응하기를 기대한다. 그러나 이것을 기억하라. 당신의 자녀는 고유하다. 그들은 부모 중 어느 한 사람의 붕어빵이 아니며, 그것은 당연한 일이다. 하나님이 당신의 자녀를 그렇게 만드셨다.

첫째 자녀

가정 안에서 한 개인의 출생순서는 그가 누구이고 무엇이 될 것인지에 평생에 걸쳐 영향을 미친다. 출생순서는 자녀를 고유하게 하는 데 일조한다. 출생순서는 성격, 기질, 부모와의 관계 등과 함께 조합되어 자녀의 인성을 형성하고, 자녀가 성인이 되었을 때 편안하게 느끼는 역할을 결정한다. 출생순서는 자녀의 자아상, 권위에 대한 반응, 환경에 대한 반응 등에도 영향을 미칠 수 있다.

첫째 자녀의 초상

첫째 자녀는 알아보기가 매우 쉽다. 그들은 종종 한 분야에서 큰 성과를 낸다. 그들은 동생들보다 성취동기가 더 높은 경향이 있다. 최초의 머큐리 프로그램에 참가했던 일곱 우주비행사는 모두 첫째 자녀였다. 잡지와 신문의 기자들은 첫째 자녀인 경우가 많다. 첫째 자녀는 구조와 질서를 좋아하기 때문에 높은 강도를 요구하는 직업을 갖는 경향이 있다.

　부모들은 첫째 자녀의 탄생을 조바심과 흥분으로 기대한다. 그들은 첫째 자녀에게 '실험'함으로써 부모역할을 배운다. 첫째 자녀는 부모의 기대와 훈육 시도의 전면적인 대상이 된다. 처음으로 부모가 된 열성적인 부모들은 이전의 어떤 부모보다도 부모역할을 잘하기 원하기 때문에 첫째 자녀는 부모의 무경험, 높은 기대와 열심의 희생자가 된다. 부모들은 대부분 첫째 자녀가 자신의 보조에 맞추어 발달하도록 내버려두는 대신, 자녀가 '알맞은' 시간이나 심지어는 그 이전에 앉고, 일어서고, 걷고, 말하고, 배변훈련을 하도록 하기 위해 열심히 노력한다. 연구조사에 따르면 첫째 출생자들이 실제로 다른 형제들보다 더 일찍 걷고 말한다.

　첫째 자녀는 사람보다 성취를 더 가치 있게 여기도록 배운다. 종종 이 유형의 사람은 뭔가를 생산해야만 한다고 느끼며 성장한다. 첫째 자녀는 부모와 조부모 모두에게서 격려, 자극, 코치를 받는다. 모든 사람이 첫째 자녀의 부모역할을 한다. 동생들과는 달리, 첫째 자녀의 행동모델은 부모밖에 없으므로 그는 성인의 행동을 더 가까이 모방하는 경향이 있다.

　첫째 자녀는 빠르게 성장하고, 주변의 성인들이 느끼는 압박감을 같이 느낀다. 첫째 여자아이는 압력을 받아서 종종 동생들을 책임지게 된다. 어머니들은 첫째 딸의 덕을 보는 것을 당연히 여겨 딸에게 압력을 가한다. 그 결과 첫째 딸은 어려서부터 아기를 돌보고, 요리하고, 집안 청소를 한다. 첫째 딸에게 '살림밑천', '꼬마 어머니', '엄마 닭' 등의 꼬리표가 붙는 것은 드문 일이 아니다. 그렇다면 첫째 자녀가 장성하면 이 같은 압력이 사라지는가? 그렇지 않다. 그는 계속해서 자신에게 그런 압력을 부과한다.

첫째 자녀는 진지하고, 신중하고, 비판적이고, 완벽주의적이고, 충성스럽고, 자기의존적이고, 목표지향적인 경향이 있다. 그들은 강한 집중력을 가진다. 그들은 할 일의 목록을 작성하는 사람들이다. 그들은 권위를 인정하고, 일부는 형식주의자의 경향도 갖는다.[1] 첫째 자녀가 놀랄 만한 일을 많이 일으킬 것이라고 기대하지 말라. 그들의 행동은 상당히 예측가능하기 때문이다. 그러나 모든 첫째 자녀가 똑같은 인물이 된다는 것은 아니다. 완전 복제판은 존재하지 않는다.

일반적으로 첫째 자녀는 두 가지 유형을 보이는데, 그것은 강한 의지형과 순응형이다.[2] 의지가 강하고 공격적인 유형의 첫째 자녀가 보이는 특징은 그들을 최고가 되려는 욕구를 가진 활동가와 성취가로 만들 수도 있다. 순응형의 첫째 자녀는 타인을 기쁘게 하려 애쓰는 매우 믿음직한 일꾼이다. 그들은 사람들에게서 많이 인정받으며 그것을 즐긴다.

첫째 자녀는 친밀한 관계를 맺는 것을 조심스러워하는 경향이 있다. 그들은 다른 사람들과 너무 가까워지기를 원하지 않는다. 첫째 자녀에게도 친구들이 있을 수 있지만, 보통 정서적으로 맺은 친밀한 관계가 아니라, 사업이나 성취를 통해 맺은 관계다. 물론 첫째 자녀도 친밀감을 형성하는 능력은 가지고 있기는 하지만, 친밀감이 그들의 내면에서 형성되려면 다른 사람보다 더 오랜 시간이 걸린다.

너무나도 많은 첫째 자녀가 성취와 생산의 압력을 받으며 성장하기 때문에, 그들은 무언가를 성취하지 못하거나 부모나 다른 사람들의 인정을 받지 못할까 봐 두려워한다. 그러므로 장성했거나 십대인 당신의 첫째 자녀가 다른 사람들과 가까워지기 위해 조심스럽고 단계적인 접근법을 취하더라도 놀라지 말라. 그들은 종종 좀더 깊이 들어갈 수 있을 만큼 물이 따뜻한지 확인하기 위해 인간관계의 '물'을 테스트해보려 할 것이다.

첫째 자녀가 결혼할 때는 무슨 일이 일어날까? 만일 첫째 남성에게 남동생만 있다면, 그는 결혼 후 여자에게 많은 것을 기대하면서 정작 자신은 돌려주는 것이 별로 없을 것이다. 그는 아내에게 매우 구체적인 것을 원할 수 있으며, 결혼하고 싶은 사람을 고르기 어려워할 수도 있다. 만일 그가 자매들 중 첫째 자녀인 여성과 결혼하면, 양쪽 모두 이성과의 상호관계를 경험한 적이 별로 없고 리더가 되는 데에 익숙해져 있기 때문에 결혼생활에 마찰의 불꽃이 튈 것이다. 남동생을 둔 첫째 여성과 첫째 남성의 결혼에도 리더십 갈등이 발생할 수 있다.

많은 첫째 남성이 오빠가 있는 막내딸과 결혼하는 경향이 있다. 그런 결혼에서는 리더와 추종자가 짝을 이루기 때문에 평화로운 결혼생활이 이뤄지는 경우가 많다. 만일 여동생들을 둔 첫째 남성이 있다면, 십중팔구 그는 여성을 다루는 방법을 잘 아는 사람일 것이다. 그들은 종종 자신의 삶을 아내의 필요와 욕구에 맞추곤 한다.[3]

첫째 자녀가 의사소통하는 방법

첫째 자녀가 보이는 의사소통 경향을 살펴보자. 첫째들은 세부사항에 초점을 맞추는 경향이 있다. 당신이 첫째 자녀와 상호작용할 때, 그가 사람이나 사물에 대해 관찰한 모든 것을 당신에게 들려줄 것이라고 예상할 수 있다. 때로 첫째 자녀는 너무나도 상세한 사항들을 표현하기 때문에, 당신은 당황하거나 질리거나 자녀가 설명하는 것을 따라잡기에 역부족일 것이다. 당신이 그에게 시간을 물으면, 그는 시계가 어떻게 작동하는지 말할 것이다!

세부사항과 언어적 설명은 첫째 자녀에게 매우 중요하다. 그는 당신이 그에게 사용하는 단어를 문자 그대로 해석한다. 그는 세부사항을 기억하고 사용하여 의사결정을 하는 데 전문가다. 어떤 부모들은 첫째들이 세부사항을 기억하고 자세히 이야기하는 능력 때문에 불쾌할 때가 가끔 있다고 말한다.

첫째 자녀는 성장하면서 정서와 감정은 비이성적이며 생각과 이성에 비해 열등하다고 여긴다. 따라서 그는 당신과 의사소통할 때, 자신과 당신의 감정을 가치절하할지도 모른다. 당신이 정서적인 방식으로 그와 의사소통할 때, 그는 분석적인 방식으로 반응할 것이다.

그는 논리적으로 당신의 감정을 유발시켰다고 생각한 사건과 당신의 감정을 결부시키려 할 것이다. 만일 그가 당신의 감정이 일어난 원인을 찾을 수 없다면 그는 당신의 감정을 변화시키려 할 것이다.

첫째 자녀에게 감정은 합리적이고 논리적이어야 한다. 만일 자신의 감정이 해결책 도출에 도움이 되면, 그는 그 감정을 중요시한다. 그러나 만일 자신이 보인 감정 때문에 당신이 그를 약하고, 상처받기 쉽고, 비생산적으로 볼 가능성이 조금이라도 있으면 그는 감정을 표현하지 않을 것이다. 또한 만일 당신이 그의 감정 표현에 대해 옳다고 인정하지 않으리라고 그가 여긴다면, 그는 감정 표현을 억제할 것이다. 왜 그럴까? 올바르고 싶고 올바르게 보이고 싶은 그의 욕구가 감정을 표현하려는 욕구보다 훨씬 더 강하기 때문이다. 만일 당신이 그의 감정을 옳다고 인정하지 않는다면, 그는 의사소통에 지장을 받을 것이다. 심지어 그는 능률적이고 생산적으로 보이기 위해 사건을 왜곡하거나 정보를 누락시킬 수도 있다. 그는 당신에게서 자신의 감정을 긍정하는 지지의 말과 비판 없는 말을 들을 필요가 있으며, 가령 그것은 다음과 같다. "학교문제 때문에 속상하고 실망해도 괜찮아. 네 감정을 나에게 말해주어 고맙다."

첫째 자녀와 의사소통하는 방법

다음은 첫째 자녀의 기본적 특성과 욕구에 맞춰 의사소통하는 것에 대한 몇 가지 실제적 지침들이다.

1. 직접적이고 구체적이어야 한다

첫째 자녀와 얘기할 때, 당신의 메시지는 반드시 명확해야 한다. 직접적으로 질문하고 구체적으로 대답하라. 만일 당신이 의사소통할 때 요점을 추려 기본적인 사항만을 전달하는 경향이 있다면, 첫째 자녀에게 말할 때에는 더 상세히 설명하기를 배워라. 당신의 메시지를 사실로 채우고, 단계적인 방식으로 지시하라. 당신이 그에게 하는 요청을 논리적으로 설명하라. 귀납적 논법을 사용하라. 그는 그런 식으로 세상을 이해한다. 그가 계속해서 당신에게 질문할 때 위협감을 느끼지 말라. 그는 당신에게 도전하는 것이 아니라, 단순히 당신이 요청한 것의 타당성을 깨달으려는 것이다. 나는 새로운 양부모가 첫째 자녀를 다루는 데 익숙하지 않아, 자세히 설명해야 할 필요성을 이해하지 못하는 혼합가정을 많이 보아왔다. 양부모의 접근방식은 "내가 그렇게 말했으니 그렇게 해"라는 것이었다. 그 결과 어떤 갈등이 일어났는지 상상할 수 있을 것이다.

첫째 자녀는 매우 분석적이기 때문에 함축된 메시지를 이해하기 어려울 것이다. "네가 가끔 집안일을 도와주면 정말 좋겠다"라는 말은 그에게 너무 모호하다. 첫째 자녀에게 분명히 인식될 유일한 형식의 메시지는 "찬장에서 도자기를 다 꺼내어 먼지를 턴 다음, 선반을 닦고 모든 도자기를 제자리에 넣어준다면 고맙겠다"라는 것이다. 당신의 기대를 분명하고 성취 가능한 것으로 제시하고 나서 그의 노력을 북돋아 주기 위해 "베란다를 쓸고 나뭇잎을 주운 것 참 잘했어. 내

지시를 아주 잘 들었구나"라고 말하라.

2. 한 인간으로서 긍정하라

당신의 첫째 자녀는 당신에게서 '그가 무엇을 하는가'만 중요한 것이 아니라, '그가 누구인가'도 중요하다는 것을 들어야 한다. "난 널 좋아해", "널 사랑한다", "넌 참 훌륭해", "넌 굉장한 아이야", "난 네가 많은 것을 성취할 때에도 널 좋아하고 네가 조용히 앉아 책을 읽을 때에도 좋아한단다" 같은 말을 사용하라. 자신이 가치 있는 존재로 여겨진다고 확신할 때, 인정받으려는 그의 욕구가 줄어들기 시작할 것이다.

첫째 자녀는 성취를 위해 노력하다 진퇴양난의 상태에 빠질 수 있으므로, 그의 생각보다 덜 성취했을 때에도 여전히 그가 가치 있고 생산적인 존재라는 것을 상기시켜 주어라. 이것은 그에게 계시와도 같을 것이다. 그들은 생산적이지 않을 때조차도 사랑받고, 용납받고, 인정받는다는 것을 양쪽 부모에게서 거듭 들어야 한다. 때로 우리는 그들의 성과를 지나치게 강조함으로써 과도하게 성취하려는 그들의 성향을 강화시킨다. 그들은 자신이 하는 아주 조그만 기여도 중요하다는 것을 들을 필요가 있다. 첫째들은 이러한 직접적인 긍정을 통해 건강하게 성장한다. 그러나 그들이 간접적인 칭찬은 알아듣지 못할 수도 있으므로 당신의 말은 매우 분명해야 한다는 것을 명심하라.

3. 놀이와 휴식을 권장하라

첫째 자녀의 자존감은 너무나도 성취와 결부되어 있기 때문에, 뭔가를 성취하지 않고 있을 때에는 지나치게 노심초사할 수 있다. 따라서 그에게 할 일을 많이 주되, 놀고 휴식하는 것도 가르쳐주어야 한다.

여러 명의 자녀가 있을 경우, 종종 첫째에게 동생들을 돌보는 책임이 주어진다. 만일 그가 노력에 상응하는 혜택을 받지 못한다면, 그는 그러한 일을 싫어할 것이다. 첫째 자녀는 자신의 가치가 아기를 돌보는 일이나 집을 청소하는 일에 근거한다고 생각하지 않는다. 풍성하고 직접적인 인정과 함께 특별한 대우나 엄마, 아빠와의 '데이트'가 주어질 때, 그는 적절한 관점을 가지고 일하고 놀기를 지속할 것이다.[4]

성취지향적인 당신의 첫째 자녀의 부담을 덜어주는 또 다른 방법은 그가 최종 성과만큼 노력의 과정도 즐기도록 돕는 것이다. 성공적인 단계들과 좋은 시도에 대해서도 칭찬하라. 그가 충분히 할 만큼 했을 때 알려주어라. 만일 그가 전부 A인데 그중 B가 하나만 있는 성적표를 집으로 가져오면, B에 초점을 맞추지 말라. 첫째들은 완벽주의적인 성향을 가지고 있기 때문에 그들의 찬란한 성공뿐 아니라 수고와 애씀도 올바로 인식하도록 각성시킬 필요가 있다.

4. 칭찬하며 교정하라

당신이 첫째 자녀를 교정할 때 그의 노력도 인정해준다면 그는 그 상황에 훨씬 더 잘 대처할 수 있을 것이다. 만일 당신이 그의 실수를 지적하기 시작한다면, 그는 당신이 전하는 메시지의 나머지를 듣지 못할 수도 있다. 그러므로 교정하기 전에 먼저 "네가 뭘 하려고 애썼는지 이해해" 또는 "이걸 할 수 있는 다른 방법에 대해 생각해보자" 같은 긍정적인 말로 운을 떼라. 만일 당신이 거칠고 못마땅해하는 어조로 교정한다면, 그는 당신의 메시지가 아닌 당신의 어조만을 들을 것이며 방어적이 될 것이다.

5. 자신의 감정을 탐구하고 표현하도록 도와주라

당신의 첫째 자녀가 어떤 지엽적 사항에 얽매여 진퇴양난의 상황에 빠져있을 때, 그가 자신의 무력감, 혼란, 두려움을 인정하고 다루도록 도와주라. 그에게는 그런 식으로 느끼는 것과 자신의 감정을 얘기하는 것이 가능하다는 허락이 필요하다. 그러나 이것을 유의하라. 당신에게서 판단이나 비난의 기미가 조금이라도 보이면, 그의 감정은 의기소침해질 것이다. 그 일에 대한 그의 노력을 인정하되, 그가 복잡한 문제 속에서 경험하고 있는 좌절감을 당신이 이해한다는 점도 알려주어라.

감정과 사실 사이의 관련성을 그에게 보여주어라. 이것을 기억하라. 첫째 자녀는 자신의 감정에 대한 타당한 이유가 있어야 한다.

첫째 자녀는 감정 표현을 힘들어하기 때문에, 그가 자신의 감정을 나누거나 개인적인 일을 얘기하거나 애정을 표현할 때 확실하게 칭찬하고 긍정하는 것이 중요하다. 당신의 긍정은 그가 자신을 드러내는 데 더 자신감을 갖고, 다른 사람들과 가까워지는 것을 덜 두려워하도록 도울 것이다. 그는 "난 이것도 정확하게 할 수 있구나!"라고 깨달을 것이다. 자신의 부적절감과의 고투를 남들이 이해할 수 있음을 알 때 그는 큰 안도감을 느낄 것이다. 또한 그는 완벽하지 못해도 괜찮다는 것을 발견하기 시작할 것이다.

당신의 첫째 자녀가 냉담해 보인다 하더라도 언어와 비언어로 풍부하게 애정표현을 하라. 그도 다른 자녀만큼 당신의 접촉과 사랑표현을 필요로 한다.

지금까지 우리가 논의한 첫째 자녀의 특징이 당신에게도 있는가? 만일 당신이 첫째 자녀의 성향을 보인다면, 그것이 당신의 부모역할 유형이나 자녀와 배우자에 대한 반응에 어떤 영향을 미쳤는지 깊이 생각해보았는가? 우리의 성향은 종종 자녀의 고유성을 발견하고 그들과 일대일로 관계 맺는 일을 방해하기도 한다. 출생순서나 성격특질 면에서 첫째 자녀와 충돌하는 것이 가정에서 일어나는 주된 좌절의 원인일 수 있다. 당신과 자녀의 차이를 받아들이고 자녀와의 관계형성에서 유연성을 기르려면 시간이 필요하겠지만, 그것은 충분히 가능한 일이다. 당신의 첫째 자녀가 하나님이 계획하신 사람이 되도록 허용하라. 그렇게 할 때, 당신은 자녀의 성장과 발달과정을 도울 수 있을 것이다.[5]

행복한 부모 되기 스터디 가이드

당신의 배우자, 신뢰하는 친구,
또는 당신이 속한 스터디 그룹과 함께 나누세요.

Q 당신의 원가정에서 첫째는 누구였는가? 당신이었는가, 오빠(형)였는가, 언니(누나)였는가? 그는 이번 장에서 묘사된 첫째의 모습과 얼마나 일치하며, 또 어떻게 다른가?

Q 당신의 첫째 자녀는 이번 장의 묘사와 얼마나 일치하며, 또 어떻게 다른가?

Q 아래의 다섯 가지 지침 면으로 볼 때, 당신은 첫째 자녀와의 의사소통에서 어느 정도로 성공하고 있는가? 당신의 성공 수준을 가장 잘 요약하는 구절에 동그라미를 치라.

☑ 직접적이고 구체적이어야 한다

    매우 성공적   적당히 성공적   적당히 비성공적   매우 비성공적

☑ 한 인간으로서 긍정하라

    매우 성공적   적당히 성공적   적당히 비성공적   매우 비성공적

☑ 놀이와 휴식을 권장하라

　　매우 성공적　　적당히 성공적　　적당히 비성공적　　매우 비성공적

☑ 칭찬하며 교정하라

　　매우 성공적　　적당히 성공적　　적당히 비성공적　　매우 비성공적

☑ 자신의 감정을 탐구하고 표현하도록 도와주라

　　매우 성공적　　적당히 성공적　　적당히 비성공적　　매우 비성공적

Q 성공적이지 못하다고 판단된 영역에서 성공하기 위한 출발 단계로 당신은 무엇을 할 것인가?

note

1) Kevin Leman, The Birth Order Book(Dell Publishing Co. Inc.: New York, 1987), adapted from p. 61.
2) Ibid., adapted from p. 61.
3) H. Norman Wright, Understanding the Man in Your Life(Dallas, Texas: WORD Incorporated, 1987), adapted from pp. 32-37.
4) Barbara Sullivan, No Two Alike(Old Tappan, NJ: Fleming H. Revell, 1987), adapted from p.53.
5) Margaret M. Hoopes and James M. Harper, Birth Order Roles and Sibling Patterns in Individual and Family Therapy(Rockville, MD: Aspen Publishers, 1987), adapted from pp. 44,45,108,109,116,172.

둘째, 셋째, 막내, 외동 자녀와 의사소통하기

곡예사들은 나를 놀라움에 사로잡히게 한다! 몇 개의 공이나 볼링핀으로 곡예를 하는 그들의 모습은 너무나도 편안하고 자신감 있어 보인다. 곧 그들은 몇 가지 물건을 더하여 이 손에서 저 손으로 부드럽게 날려보낸다. 숙련된 곡예사들은 볼링핀이나 공이 그들의 눈앞에서 움직이는 것으로 만족하지 않는다. 그들은 솜씨 있게 머리 위나 등 뒤로 곡예를 한다. 대가의 반열에 이른 곡예사에게 공이나 볼링핀은 시작에 불과하다. 그들은 사과, 식칼, 화염봉 등 거의 모든 물건을 조합하여 곡예를 할 수 있다.

놀랍지 않은가! 그들은 어떻게 그렇게 하는가? 곡예사들은 강도 높은 집중력, 헌신, 갈망을 가져야 한다. 그들은 순서, 동작, 타이밍,

협동력을 배워야 한다. 그러고 나서 무수히 많은 연습을 통해 그들의 기술을 완벽의 경지로 연마해야 한다.

한 명 이상의 자녀를 둔 부모는 누구든지 거장 곡예사의 자격이 있다. 성공적인 부모가 되려면 곡예사와 똑같은 집중력, 헌신, 갈망을 갖추어야 한다. 그리고 순서, 동작, 타이밍, 협동력을 배워야 한다. 그리고 부모역할의 기술을 실패하더라도 꾸준히 연습해야 한다.

만일 모든 자녀가 똑같다면, 즉 공이나 볼링핀처럼 획일적이고 곡예하기에 편하다면, 부모역할의 과제는 훨씬 더 단순하고 좌절감이 적을 것이다. 그러나 자녀는 똑같지 않다. 그들은 모두 다르다.

지난 장에서 우리는 첫째 자녀에게 고유한 기질과 특성이 있다는 것과 그것이 특별한 부모-자녀 의사소통의 기술을 요구한다는 것을 알았다. 이번 장에서는 둘째 자녀(혹은 첫째와 막내 자녀 사이에 두 명 이상이 있다면 중간에 출생한 자녀) 및 막내 자녀와 관련된 고유한 특성과 의사소통 방법을 살펴볼 것이다. 일단 각 자녀의 고유한 출생순서 특질을 파악하면, 가족관계가 훨씬 더 원활하게 작동될 것이다.

둘째 자녀

둘째 자녀는 일반화하여 묘사하기가 어렵다. 둘째 자녀가 가정에 태어났을 때 그의 생활양식은, 그보다 앞선 세 사람 즉, 엄마, 아빠, 첫째 자녀를 어떻게 인식하느냐에 따라 결정된다. 둘째 자녀는 보통 첫째와 대결하며, 첫째와 정반대의 성향을 보인다. 첫째에게 어떻게 반응하느냐에 따라 그는 적대자나 비위 맞추는 자, 지배자(조작자)나 희생자(순교자),[1] 또는 무사태평자나 과도한 활동가 등이 될 수 있다.

만일 둘째 자녀가 첫째를 이길 수 없다고 생각하면, 낙심하고 경쟁을 포기하거나 반항적이고 자포자기적이 될 수 있다. 하지만 첫째를 앞설 수 있다고 느끼면 둘 사이에는 치열한 경쟁이 발생한다! 종종 둘째 자녀는 첫째의 약점을 발견하려 애쓰고 그 영역에서 첫째와 경쟁하려 한다.

둘째 자녀나 중간 자녀는 첫째처럼 많은 문제나 결점을 가지지 않는 경향이 있다. 일반적으로 그들은 첫째보다 두려움이나 걱정이 적다. 연구에 따르면 중간 자녀는 첫째나 막내 자녀보다 더 많은 것을 숨긴다. 그들은 자신이 첫째나 막내 자녀만큼 많은 관심을 받지 못한다고 느끼므로 남들에게 속마음을 잘 털어놓지 않는다. 다른 사람의 도움이 필요함에도 불구하고 도움을 받지 못할 때, 강하고 독립적이려는 그들의 갈망으로 인해 많은 문제가 야기될 수 있다.[2]

중간 자녀는 가정 밖에서 많은 친구를 사귀기 좋아하며 종종 무리지어 다닌다.[3] 그들은 다른 사람보다 동년배의 압력이나 기질 등에 영향을 많이 받는다. 중간 자녀는 종종 가정 안에서 중개자 역할을 한다. 때로 그는 낙인이 찍히지 않은 송아지와 같다. 언제나 중요한 첫째 자녀와 가정의 '귀염둥이'인 막내 자녀에게 부모의 관심이 집중되기 때문에, 보통 가족 앨범에서 중간 자녀의 사진은 가장 적은

편이다.[4)]

　부모들은 둘째 자녀가 '그냥 자라게 내버려두는' 경향이 있어서 첫째보다 시간과 관심을 덜 투자한다. 이것은 둘째 자녀에게 거절로 여겨질 수 있다. 그 결과 중간 자녀는 '불공평하게' 대우받는 데 익숙해지기 때문에 참을성 있는 성인이 된다. 일반적으로 그들의 기대 수준은 다른 성인보다 낮기 때문에 인간관계에서 더 용납하는 자세를 갖는다. 중간 자녀는 첫째처럼 일에 몰두하거나 강박관념에 사로잡히지 않는다. 중간 자녀는 첫째나 막내 자녀보다 결혼생활을 더 길게 유지하는 편이다.[5)] 그들은 원가정에 자신들이 잘 들어맞는다고 느끼지 않았기 때문에 새로운 가정생활을 잘 영위하기로 단단히 마음먹는다.

가정 안에서의 둘째 자녀

제이미는 전형적인 둘째 자녀로서 가정의 막힌 곳을 뚫는 배관공의 역할을 한다. 겉으로는 모든 가족이 스트레스와 압력을 잘 감당하는 것처럼 보인다 하더라도, 제이미는 가정의 수면 밑에 흐르는 상처, 두려움, 슬픔, 분노 같은 부정적인 저류를 민감하게 느끼고 그것으로 인해 괴로워한다. 그녀는 사람들의 행동과 감정 사이에 불일치가 있다는 것을 인식하며, 남들이 잘 알아채지 못하는 미묘한 메시지들을 파악한다. 주변 사람들의 감정을 잘 받아들이기 때문에 때로는 자신의 감정과 그들의 감정을 구별하지 못하기도 한다.

제이미는 문제나 부정적 감정 등으로 인해 막힌 가족의 의사소통을 뚫는 데 책임감을 느낀다. 그렇다면 그녀는 책임감을 어떻게 수행할까? 몇 가지 방식이 있다. 제이미는 식구들의 시선을 문제에서 분산시켜 다른 곳에 집중시킬지도 모른다. 농담을 하거나 식구들을 짓궂게 놀려댈 수도 있다. 그녀의 숨겨진 감정을 드러내거나, 그것을 행동으로 보이거나, 심지어 다른 사람들에게 감정을 밝히라고 강요할 수도 있다. 그녀는 모호한 메시지들을 좋아하지 않는다. 모든 것이 공개되고 다루어지길 원한다.

때로 다른 식구들이 가족의 규칙을 어기는 것을 볼 때, 그녀는 가정의 질서를 회복시키는 것을 자신의 일로 떠맡는다. 이러한 성향 때문에 그녀는 다른 형제자매들과 사이가 나빠지기도 한다. 그녀가 이렇게 행동하는 것은 중간에 있는 다른 형제자매와의 라이벌 관계, 첫째와의 권력다툼, 가족문제 해결사로서 갈등을 해결하려는 시도, 이 세 가지 이유 중 하나 때문이다.

제이미는 형제자매 중 가운데에 있기 때문에 때로 가족 중에서 자신의 적절할 위치를 찾는 데 어려움을 겪는다. 그녀는 부적절한 질문을 하거나, 너무 많은 정보를 제공하는 말을 하거나, 어떤 식구와 정서적으로나 신체적으로 무척 가까워질 수 있다. 때로는 새로운 환경이 전에 익숙하던 것과 비슷함에도 불구하고 제이미에게 힘들게 느껴질 수 있다. 예를 들어, 만일 그녀가 전학을 간다면 새 교실을 찾고, 새 선생님을 만나고, 새 책상을 정돈할 때까지 불안함을 느낄 수 있다.

제이미는 다른 사람들과 상호작용할 때, 보통 부드럽고 민감하고 잘 배려하며, 직관과 깊이 있는 마음으로 반응한다. 그녀는 남들에게 매우 민감하며 이야기를 잘 들어준다. 그러나 어떤 때에는 보다 이성적이고 목표지향적이며, 다른 사람의 감정보다는 성취할 직무에 초점을 맞춘다. 이처럼 제이미가 정서적으로 소원한 태도를 갖는 날에는 모든 사람이 그녀에게 배척당하는 느낌을 받는다. 그러나 제이미는 자신이 그렇게 했는지조차 모른다. 그리고 정말로 자신의 의도는 그렇지 않았으므로 그것에 대한 책임을 받아들이지 않는다. 이것은 그녀에게 직접 사실을 확인하고자 하는 사람들에게 좌절감을 불러일으킨다.[6]

둘째 자녀에게 반응하기

만일 당신의 가정에 둘째 자녀가 있다면, 당신이 그와 나누는 언어 및 비언어의 상호작용은 첫째와 다를 것이다. 다음의 지침사항들은 당신이 둘째 자녀나 중간 자녀와의 의사소통을 개선하는 데 도움이 될 것이다.

1. 당신의 감정을 분명히 밝혀라

둘째 자녀의 혼란이나 불안정감을 줄이기 위해 당신의 내적인 갈등과 감정을 일관성 있게 공개하라. 만일 당신이 무엇인가에 대해 마음의 평정을 잃거나 화가 났거나 두려움을 갖게 됐다면, 그것을 감지할 가능성이 큰 둘째 자녀에게 직접 말해줌으로써 그의 스트레스 수준을 감소시켜 주어라.

2. 애정을 표현하라

첫째와 막내 자녀는 항상 큰 관심을 받기 때문에, 당신은 특별히 중간 자녀에게 그들이 가족의 중요한 일원이라는 것을 느끼게 해줄 필요가 있다. 애정이 담긴 말과 행동으로 당신의 사랑을 그가 확신하게 하라. 만일 그가 다른 자녀와 함께 방을 써야 한다면, 반드시 그가 집안의 어떤 공간이나 자기의 것이라고 말할 수 있는 중요한 물건을 소유하게 하라. 둘째 자녀는 감정을 어떻게 표현할지 몰라 어려움을 겪을 수 있으므로 어떻게, 언제, 어디서 적절하게 애정을 주고받을 수 있는지에 대해 그에게 얘기해주어야 한다.

3. 정서적 안정감을 제공하라

둘째 자녀가 정서적으로 평정을 잃고 부정적 감정에 사로잡혀 있을 때, 당신이 그를 사랑하며 그가 당신에게 중요하다는 것을 다시 한 번 확신시켜주어라. 그때 당신은 감정적으로 반응하지 말아야 한다. 만일 당신이 마음의 평정을 잃는다면, 그는 당신의 감정에 영향을 받아 문제가 더 복잡해질 수 있다. 그 대신 사랑의 마음을 가지고 이성적으로 반응하라. 그를 자제시키며 "네 마음이 가라앉고 기분이 나아졌을 때 얘기하자"라고 말하라.

자녀가 차분히 대화를 나눌 수 있을 때, 그의 감정이 어떤지 질문하라. 그가 자신의 감정을 문제와 관련된 다른 사람의 감정에서 분리시킬 수 있도록 도와주라. 가령 "이게 너의 감정이니, 아니면 단지 네 언니의 감정을 표현하고 있는 거니?"라고 질문할 수도 있다.

둘째 자녀는 위협을 느낄 때 짜증 내며 소란스럽게 굴거나, 소리 지르거나, 욕을 하는 등 불쾌하게 행동하는 경향이 있다. 그의 반응이 종종 남들에게 거부감을 불러일으킨다는 것은 이해할 만한 일이다. 그러나 이런 때에 그에게 필요한 것은, 가족 안에 그의 분명한 자리가 있다는 것과 당신이 그를 여전히 사랑한다는 것을 확인시켜주는 조용한 말이다. 당신의 차분한 태도는 그의 불쾌한 행동이 어떤 결과를 낳는지에 대해 그와 논의할 수 있는 길을 닦아준다.

4. 의사소통을 격려하되 강요하지 말라

당신은 둘째 자녀가 자신이 생각하거나 느끼는 것을 모두 당신에게 얘기한다고 생각할지도 모른다. 그러나 사실은 그렇지 않을 때가 많다. 만일 당신이 그 사실을 알게 되더라도 그를 꾸짖거나 비난하지 말라. 그냥 그가 말해야 할 내용 중에 잊은 것이 있는지 물어보라. 단순하게 당신이 그의 말을 더 듣고 싶다는 관심을 표현하면, 그는 기분 좋게 자기의 얘기를 더 많이 할 수 있을 것이다.

마찬가지로 과도한 의사전달로 당신의 둘째 자녀를 압도하지 말

라. 그가 어느 정도 알 필요가 있는지를 파악하여 필요한 양의 정보만 제공하고 긴 설명은 피하라.

5. 시각적으로 의사소통하라

둘째 자녀는 시각적으로 생각하고 학습하는 경향이 있다. 그가 시각적으로 경험할 수 있도록 의사소통하라. 그에게 얘기할 때, 머릿속에서 그림을 그릴 수 있도록 도와주는 비유를 사용하라. 또한 자녀가 당신에게 시각적인 용어로 말하도록 격려하라. 그가 '보기에 어떤지'를 당신에게 얘기해달라고 하거나 그의 생각 속에 있는 그림을 묘사해달라고 요청하는 것은 그가 더 잘 의사소통할 수 있도록 돕는다.

셋째 자녀와 막내 자녀

가정 안에서의 셋째 자녀

대니는 기존의 관계들이 이미 형성되어 있는 가정 안에서 셋째 자녀로 태어났다. 당신이 어려서 이사했을 때를 기억하는가? 당신은 새로운 동네, 새로운 학교에 들어왔지만, 당신 외에 다른 아이들은 이미 친구를 갖고 있었으며 그들만의 관계를 형성하고 있었다.

그곳에서 당신의 자리를 찾기까지는 얼마간의 시간이 걸렸다. 그것은 한 가정에 새로 들어온 대니에게도 마찬가지다. 엄마와 아빠는 대니의 탄생에 대해 첫째와 둘째 때만큼 흥분하지 않는다. 사실 가족의 생활이 이미 너무 바쁘기 때문에 대니는 많은 관심을 받지 못한다. 대니가 그 속에서 자신의 자리를 찾기까지는 얼마간의 시간이 걸린다. 대니는 용납되고 사랑받지만, 일대일의 관계를 개발할 기회가 손위 형제자매보다는 적다.

다섯 번째 식구인 대니는 종종 가족 활동과 토의에서 예비용 타이어처럼 주목받지 못하고, 대니에 이르기까지 모든 식구의 필요가 채워지기 위해서는 식구들이 더 큰 노력을 기울여야만 한다. 성장함에 따라 대니는 누군가를 편애하지 않고 식구들 간의 균형을 유지시키는 일을 스스로 떠맡는 경향이 있다. 대니는 한 번은 어떤 사람의 편을 들고, 다음에는 다른 사람의 편을 든다. 그는 끊임없이 저울의 균형을 맞춤으로써 가족 구성원들이 서로 조화를 유지하게 한다.

대니는 사람들과 함께 있는 것을 매우 편안하게 느끼지만, 남들과 깊은 관계를 맺는 것은 조심스러워 한다. 그는 처음에 그들과의 관계에서 자기가 어디에 있어야 하는지를 정확히 알기를 원한다. 그리고 구속되거나 제한되는 느낌을 갖지 않으려고 친밀한 관계로부터 자신을 멀리할 수도 있다. 이러한 점은 때때로 대니의 친구들을 혼란스럽게 한다. 그는 하루는 따뜻하고, 사려 깊고, 타인에게 관심을 갖으며 관여하지만, 다음 날에는 소원하다. 그는 인간관계에 있어서 일관성이 없고 모순적이다. 그러나 그의 부모가 그것에 대해 말하면, 그는 깜짝 놀란다. 그는 자신이 항상 다른 사람에게 관심을 갖고 배려하는 사람이라고 생각하기 때문이다.

대니는 가정의 익살꾼이 됨으로써 주목받는 것을 배운다. 그는 사람들을 웃김으로써 가정의 긴장을 깰 수 있다. 대니는 '좀 동떨어진 사람'이기 때문에 인간의 본성에 대한 매우 기민한 관찰자가 될 수 있다. 그는 다른 사람들을 이해한다. 그는 상황을 통제하고 자신의 불편한 생각이나 감정을 표현하지 않기 위해 자신의 유머감각을 이용할 수 있다.

보통의 셋째 자녀가 그렇듯이, 대니는 가족관계의 어떤 면을 경험하지 못했기 때문에 정서적으로 미성숙하다. 그 결과 그는 내향적이고, 환상을 좇으며, 이상주의적인 경향이 있다. 그는 공상에 잠기는 경우가 많다. 어떤 사람과 갈등이 있을 때, 그는 종종 자신의 생각 속에 칩거하며 문제를 해결하려 한다. 그는 감정보다는 이슈에 초점을 맞추는 경향이 있다. 그 과정이 끝났을 때, 그는 인간관계로 되돌아가서 "아무 문제도 없어. 모두 해결되었어"라고 공표한다. 대니는 그 과정에 친구들이나 그들의 감정을 포함시키지 않았기 때문에, 종종 이 방책은 친구들에게 좌절감을 느끼게 한다.

정서적인 면에서 대니는 깊이 느끼고, 민감하고, 남을 배려하는 사람이다. 그러나 때로 마음속에서 뭔가를 해결하기 위해 칩거하고 있을 때는 냉담하게 보이는데, 이렇게 거리를 둠으로써 셋째 자녀는 자신의 정체성을 유지한다. 그의 정체성과 편안한 마음의 많은 부분은 다른 가족 구성원들이 서로 어떻게 지내느냐에 영향을 받는다. 그의 자존감은 부모가 안정적인 결혼생활을 유지하는 것과 부모가 그를 어떻게 생각하느냐에 아주 많이 근거한다. 종종 대니는 남들이 자신에 대해 어떻게 느끼는지를 알기 원한다. 그가 무엇을 하는가에 상관없이 부모 모두 그를 받아들이고 사랑한다는 것을 알 때, 그는 편하게 느낀다.

가족관계의 모든 부분이 어떻게 움직이고 있는지 알고 그 관계들이 질서정연하다는 것을 알 때, 대니는 가장 안정감을 느낀다. 다른 사람들을 도울 수 있을 때, 그는 정말로 기분이 좋다. 반면 다른 사람들과 관계를 맺을 기회가 별로 없을 때, 그는 최악의 감정을 느낀다. 선택의 기회들을 빼앗길 때, 그는 반항하거나 움츠러드는 경향이 있다. 그는 스스로 선택하기를 좋아하고, 누군가가 그에게 선택을 강요할 때는 분노를 터뜨린다. 그는 다른 사람들에 의해 상자에 갇히는 것을 좋아하지 않는다. 그에게 중요한 것은 선택하는 것이 아니라 선택할 기회를 갖는 것이다. 때로 그는 의사결정을 할 때 머뭇거리기도 한다.

그의 이런 성향은 다른 사람들과의 친밀함에 영향을 미친다. 그는 다른 사람들을 신뢰할 수 있는지 기다리며 두고 보기를 좋아한다. 그래서 그의 친구들과 가족은 종종 "도대체 대니는 친밀한 관계를 원하는 거야, 아니야?" 하고 의아해한다. 그러나 사실 대니는 구속되거나 자신의 선택권을 빼앗기고 싶지 않을 뿐이다. 그가 두려워하는 두 가지가 있는데, 그것은 자유의 상실과 버림받음이다. 그는 자유를 좋아하지만 사람들이 그를 좋아하지 않거나 그에게 질리거나 그를 버릴까 봐 두려워한다. 그가 어떤 가족 구성원과의 정서적 친밀감에서 스스로 멀어질 때에도, 그는 그 사람이 자신에게 다가와 친밀함을 다시 형성시켜주기를 원한다. 이것은 그에게 자신이 사랑받는 존재이고 가치 있는 존재임을 확신시켜준다. 그러나 만일 상대방이 그렇게 하지 않으면, 대니는 그 사람이 애초에 그에게 신경을 썼는지를 의심한다.[7]

가정 안에서의 막내 자녀

가정의 귀염둥이 막내 자녀는 어떤 모습인가? 이 자녀에 대한 다른 식구들의 태도가, 그가 어떻게 될지를 결정할 것이다. 만일 부모와 형제자매가 그를 형제들 중에 가장 미약한 존재로 취급한다면, 그의 자존감은 상처를 받을 것이다. 그러나 만일 다른 식구들이 그를 격려하고 인정한다면, 그는 강하고 건강한 자아상을 개발할 것이다.

    막내 자녀는 손위 형제자매에 비해 아버지의 훈육을 덜 받는 편이며, 성취에 대한 부모의 압력도 적게 받는다. 결국 그들은 '아기 지배자'가 되어 자신들의 매력과 과시하는 능력으로 다른 식구들을 조정하게 될 수도 있다.

    보통 막내 자녀는 사람들과 접하는 상황을 매우 편안하게 여긴다. 그는 자라서 대인지향적인 사람, 훌륭한 세일즈맨, '익살꾼'이 될 수 있다.[8] 부모가 가정의 귀염둥이인 막내 자녀에게 사랑을 쏟아부었기 때문에 그는 스스로 책임지는 것을 어려워할 수도 있다. 그러나 그는 책임짐으로써 획득할 수 없는 것을 자신의 매력을 이용하여 손에 넣을 것이다.

구약의 다윗이 막내 자녀였다. 그는 십대 시절에 쾌활하고 낙관적이었으며 당당하게 골리앗에게 맞섰다. 그는 상황이 아무리 험악하더라도 하나님이 자신을 돌보실 것이라는 어린아이 같은 믿음을 가졌다. 몇 년 후 그는 살인과 간음을 저질렀다. 그러나 회개하고 하나님께 용서받은 후 쾌활하고 낙관적인 사고의 틀로 회귀했으며, 그것은 그가 집필한 여러 시편에 분명히 나타난다.

셋째 자녀와 막내 자녀에게 반응하기

셋째 자녀와 막내 자녀에 대한 당신의 언어적, 비언어적 반응을 도울 몇 가지 제안이 다음에 있다.

1. 상호작용에 대해 얘기하고 본을 보여주어라

막내 자녀는 정서적으로 미성숙한 면이 있으므로, 그들이 다른 사람과 상호작용할 수 있는 긍정적인 방법들을 명확하게 설명해주어야 한다. 긍정적인 인간관계를 가지는 것과 다른 사람의 이야기를 방해하지 않고 듣는 것의 중요성을 그가 이해하도록 도와주라. 물론 그 기술이 당신의 인간관계 가운데 나타나는 것을 보여주는 것도 도움이 될 것이다.

2. 애정을 표현하라

셋째 자녀는 애정을 갈구하지만, 그것을 시작하는 데 숙달되어 있지는 않다. 당신의 애정은 셋째 자녀에게 가장 중요한 관계인 가족 안에 그가 포함되어 있음을 느끼도록 도와준다. 반드시 그와 일대일의 시간을 가짐으로써 그가 다른 자녀와 마찬가지로 받아들여지고 중요한 존재임을 느끼게 하라.

3. 일관성 있게 반응하라

만일 당신의 막내 자녀가 익살꾼의 역할을 함으로써 관심을 받으려 한다면, 그가 유머를 발휘하지 않을 때나 발휘할 때나 똑같은 정도로 그에게 반응하라. 그가 진지할 때나 농담할 때나, 변함없이 당신이 그에게 주의를 기울이고 그를 용납한다는 것을 알게 하라.

4. 선택의 기회를 제공하고 선택 사안들에 대해 함께 논의하라

막내 자녀는 손위 형제자매에 비해 선택의 기회를 갖는 것을 더 중요하게 생각한다. 그는 당신이 시간을 내어 자신과 함께 선택 사안들을 살펴보는 것을 기뻐할 것이다. 만약 그가 경솔한 선택을 한다면 그 결과가 어떠할지 같이 살펴봄으로써 그가 충동성을 억제할 수 있도록 반드시 도와야 한다. 그를 어떤 틀 안에 구속하려 하거나 선택을 강요하지 말라. 그럴 때 그의 분노와 고집이 나온다. 그는 자신에게 있는 선택의 기회를 지키려 투쟁할 것이고 자신의 의견을 절대로 양보하지 않을 것이다.

5. 막내 자녀가 준비될 때까지 기다리라

그가 뒤로 물러나려고 결정했을 때, 그것을 당신에 대한 거부로 여겨 섭섭해하지 말라. 그것은 그가 삶에 반응하는 방식일 뿐이다. 그는 머릿속에서 문제를 해결하기 위해 혼자만의 시간을 필요로 하는데, 그것을 통해 그는 삶을 유지할 준비를 한다. 그가 뒤로 물러나 있을 때에는, 그가 준비가 되면 당신이 기쁘게 그와 대화를 나눌 것임을 알려라. 이렇게 말할 준비를 하고 있어라. "이것을 네 스스로 생각해볼 시간이 필요할지도 모르겠구나. 괜찮아. 네가 대화하고 싶을 때까지 언제나 들어줄 준비를 하고 있을게." 이와 같은 분명한 메시지는 그의 마음을 편안하게 해준다.

그가 뒤로 물러나는 것은 고집부리거나 당신을 버리는 것이 아니다. 그러나 만일 당신이 그렇게 해석하고 그에게 반응한다면, 그는 준비가 되었을 때에도 당신과 얘기하고 싶어 하지 않을지도 모른다.

6. 침묵을 불참으로 해석하지 말라

막내 자녀가 가정에 무슨 일이 일어나고 있는지 모르는 것같이 보이더라도, 사실 그는 주시하고 있다는 것을 명심하라. 그가 참여하고 있다고 당신이 생각하지 않을 때에도 그가 얼마나 많은 것을 흡수하고 있는지 안다면 당신은 놀랄 것이다. 그는 다만 그 일에 대해 침묵할 뿐이다. 그에게 필요한 것은 단지 당신이 부드럽게 그를 끌어내주는 것이다.

7. 규칙으로 인해 가족이 얻는 유익을 설명하라

막내 자녀에게 어떤 행동규칙을 설명할 때, 그 규칙이 그와 가족 전체에게 어떤 유익을 주는지 알려주어라. 그는 가족의 조화와 균형에 너무나도 관심이 많기 때문에 가족을 원활히 기능하게 하는 규칙이 있다면 그것에 잘 반응할 것이다. 그는 선택의 자유를 갖는 것을 좋아하므로, 그 규칙을 따르는 데 필요한 몇 가지 세부 선택 사안을 그에게 제시하도록 하라.

8. 결혼관계의 어려움을 공개하라

만일 막내 자녀가 당신과 배우자 사이에 문제가 있음을 감지한다면, 그것으로 인한 고통과 염려를 비행, 과도한 침거, 공격성 등의 행동으로 나타낼 수 있다. 그는 부모가 자신들의 결혼생활에 문제가 있다는 것을 인식하고 있으며, 해결을 위해 노력 중이라는 것을 알아야 한다.

9. 끊임없이 인정해주어라

당신이 막내 자녀를 있는 모습 그대로 가치 있게 여긴다는 것을 알려주어라. 자신의 존재가 인정된다는 것을 들을 때, 그는 자신이 가족

관계에서 균형을 유지시키는 사람인 것에 기뻐한다. 끊임없는 인정은 그로 하여금 자신이 가족들 가운데서 맡은 역할에 성공하고 있다고 느끼게 도와준다.

그가 혼자서 깊이 생각할 때에도, 가족은 변함없이 그를 사랑한다는 것을 알게 하라. 그가 마음의 평정을 잃거나 외로움을 느낄 때, 당신이 그를 위해 존재하고 있음을 상기시켜 주어라. 그에게 도움이 필요하면 당신이 그를 도와줄 것이고, 그가 혼자 있고 싶어 하면 당신이 그를 홀로 놔둘 것임을 막내 자녀가 분명히 알게 하라.

외동 자녀

외동 자녀를 둔 가정은 어떠한가? 외동 자녀에게 나타나는 특징은 무엇일까?

외동 자녀는 첫째와 막내 자녀의 특징을 모두 보여준다.[9] 그는 성취지향적일 가능성이 크며, 종종 부모를 기쁘게 하려는 큰 갈망을 갖는다. 동생들이 없기 때문에 자리를 뺏길 염려가 없으므로 관계의 안전함을 느낀다.

많은 부부가 그들의 삶의 중심을 외동 자녀에게 둔다. 그 결과 많은 외동 자녀가 부모의 유일한 직무는 자신을 섬기고 필요를 충족시켜주는 것이라고 믿는다. 그리고 이것은 그들이 성인이 되었을 때 문제를 불러일으킨다.

외동 자녀는 인생이 자신을 중심으로 돌아가야 한다고 생각하며 자랄 수 있다. 우정이나 함께 나누는 관계를 배울 형제자매가 없기 때문에, 그러한 사회적 기술을 개발하기가 어렵다. 또한 가정에서 질투나 경쟁을 많이 경험하지 못했기 때문에, 나중에 인생에서 그런 문제들에 대처하기가 어려울 수 있다. 외동 자녀의 외로움, 보호를 위한 고립 역시 문제가 될 수 있다. 외동 자녀 중에는 일생 동안 손상된 관계 때문에 씨름해야 하는 경우가 자주 있다.

그렇다면 외동 자녀와 어떻게 의사소통을 해야 하는가? 외동 자녀는 첫째 자녀와 막내 자녀의 특성을 모두 갖는 경우가 종종 있으므로 당신은 그 두 가지 항목을 참고하여 지침을 수립해야 한다. 외동 자녀를 주의 깊게 관찰하고 당신의 의사소통 유형을 그의 특징에 맞추는 것은 매우 중요하다. 무엇보다도 그의 고유성을 발견하고 그의 언어로 말하라.

다음 두 장에서 우리는 한 가정의 자녀가 얼마나 다를 수 있는지, 즉 성격유형을 살펴볼 것이다. 부모가 자녀와 의사소통하고 반응할 때, 출생순서 특질에서와 마찬가지로 각 자녀의 고유한 성격유형에 따라 특별한 접근법이 필요하다. 앞으로 다룰 내용에서는 자녀의 성격유형에 따라 자녀와 의사소통할 수 있는 지침을 제공할 것이다.

행복한 부모 되기 스터디 가이드

당신의 배우자, 신뢰하는 친구,
또는 당신이 속한 스터디 그룹과 함께 나누세요.

Q 0점(개선의 절박한 필요)부터 10점(개선 불필요)까지 기준에서, 둘째 자녀와 의사소통할 때 필요한 지침을 얼마나 성공적으로 수행하고 있는지 점수를 매기라.

☑ 당신의 감정을 분명히 밝혀라

    0   1   2   3   4   5   6   7   8   9   10

☑ 애정을 표현하라

    0   1   2   3   4   5   6   7   8   9   10

☑ 정서적 안정감을 제공하라

    0   1   2   3   4   5   6   7   8   9   10

☑ 의사소통을 격려하되 강요하지 말라

    0   1   2   3   4   5   6   7   8   9   10

☑ 시각적으로 의사소통하라

    0   1   2   3   4   5   6   7   8   9   10

Q 0점(개선의 절박한 필요)부터 10점(개선 불필요)까지 기준에서, 셋째 자녀(또는 중간 자녀) 그리고 막내 자녀와 의사소통할 때 필요한 지침을 얼마나 성공적으로 수행하고 있는지 점수를 매기라.

☑ 상호작용에 대해 얘기하고 본을 보여주어라

0   1   2   3   4   5   6   7   8   9   10

☑ 애정을 표현하라

0   1   2   3   4   5   6   7   8   9   10

☑ 일관성 있게 반응하라

0   1   2   3   4   5   6   7   8   9   10

☑ 선택의 기회를 제공하고 선택 사안들에 대해 함께 논의하라

0   1   2   3   4   5   6   7   8   9   10

☑ 막내 자녀가 준비될 때까지 기다리라

0   1   2   3   4   5   6   7   8   9   10

☑ 침묵을 불참으로 해석하지 말라

0   1   2   3   4   5   6   7   8   9   10

☑ 규칙으로 인해 가족이 얻는 유익을 설명하라

0   1   2   3   4   5   6   7   8   9   10

☑ 결혼관계의 어려움을 공개하라

0   1   2   3   4   5   6   7   8   9   10

☑ 끊임없이 인정해주어라

0   1   2   3   4   5   6   7   8   9   10

Q 만일 외동 자녀를 두고 있다면, 첫째 자녀와 막내 자녀에 대한 지침 중에서 어떤 것들을 의사소통에 적용해야 하겠는가?

note

1) Kevin Leman, The Birth Order Book(Dell Publishing Co. Inc: New York, 1987), adapted from p. 117.
2) Ibid., adapted from p. 124.
3) Ibid., adapted from p. 125.
4) Ibid., adapted from p. 119.
5) Ibid., adapted from p. 126.
6) Margaret M. Hoopes and James M. Harper, Birth Order Roles and Sibling Patterns in Individual and Family Therapy(Rockville, MD: Aspen Publishers, 1987), adapted from pp.46-50,109,110.
7) Ibid., adapted from pp. 61-67,111,117,118,151.
8) Kevin Leman, The Birth Order Book, adapted from pp. 132,134,145,147.
9) Ibid., adapted from p. 82.

자녀의 성격에 맞춰
의사소통하기 1

한 TV 프로그램의 사회자가 부모들로 구성된 청중에게 질문했다. "여러분 자녀의 특징 중에 여러분을 당황하게 하거나 궁지로 몰아넣는 것은 무엇입니까?" 다음은 그가 들은 다양한 대답 중 몇 가지를 추려본 것이다.

- "제 딸은 정말로 얼간이에요. 전 도대체 그 아이의 머리가 어떻게 움직이는지 궁금할 때가 있어요."
- "제 아들은 떠들기 대장이에요. 그 아이는 큰 목소리로 끝도 없이 얘기하고 또 얘기해요."
- "제 딸아이는 수도사 같아요. 그 아이가 왜 그렇게 조용한지 저는

이해할 수가 없답니다."
- "제 딸은 먼저 말하고 나서 나중에 생각한답니다."
- "제 아들은 너무 까다로워요. 그 아이가 시간을 물어보길래 '응, 네 시쯤 되었을 거야'라고 하면 그 아이는 '그렇게 말고요, 난 정확한 시간을 알고 싶어요'라고 한답니다. 너무 괴로워요!"
- "제 딸은 너무 정신이 없어요. 그 아이는 동시에 너무 여러 가지를 생각하는 것 같아요."
- "제 딸은 너무 예민해요. 그 아이는 언제나 마음에 상처를 받아요."
- "제 아들에게는 감정이란 게 있나 모르겠어요. 그 아이는 친구들이 싫어하더라도 늘 정의로워야 해요. 그리고 친구들이 싫어하는 것에는 신경 쓰지도 않는 것 같아요."
- "제 아들은 겨우 일곱 살이에요. 그러나 벌써부터 모든 것을 정돈하려 하고, 잠자리에 눕기 전에 모든 것이 제자리에 있지 않으면 만족하질 못해요. 저요? 전 모든 것을 떨어져 있는 그 자리에 두죠. 그런데 글쎄 그 아이가 그것에 대해 저를 꾸짖는답니다!"
- "제 십대 딸아이는 뒤로 미루기 선수예요. 결국 숙제를 하긴 하지만, 끝까지 버티다가 마지막 순간에서야 하는 그 괴상한 습관은 온 가족을 소동에 빠뜨린답니다."
- "저는 제 아들과 대화를 나누려고 시도하지만, 그 아이는 언제나 대화 중간에 주제를 바꾸어버려요. 전 아들의 머리가 중립 상태에 고정되어 있는 것은 아닌지 궁금할 때가 있어요."

당신의 대답과 비슷한 내용이 위에 있는가? 모든 자녀는 부모인 우리를 짜증 나고 화나게 하는 특이한 행동과 성격을 가지고 있다. 그러나 대부분의 경우에 문제는 자녀가 나쁘다는 데 있지 않다. 단지 자녀의 반응과 사고유형이 우리와 다른 것뿐이다. 당신이 자녀에게 좌절감을 느끼는 것은, 자녀가 왜 당신을 더 많이 닮지 않았는지 이해하지 못하기 때문이다. 그러나 당신의 성격에 맞추기 위해 자녀의 성격을 바꾸려 하는 것은, 마치 당신을 더 닮게 하려고 그의 신체적 용모를 변화시키려 하는 것만큼이나 무의미하고 무익한 일이다. 자녀의 괴팍스러운 행동으로 인한 당신의 좌절감을 감소시키기 위해서는, 자녀의 고유한 성격유형을 이해하고 수용하는 것이 무엇보다 필요하다.

모든 자녀는 자신만의 고유한 내재된 성향을 가지고 있다. 이런 성향은 그의 유전인자, 출생순서, 초기환경 등에 영향을 받은 것이다. 한 자녀의 성격특질은 그가 삶에 반응할 때 무엇을 선호할 것인지를 결정하며, 그것은 어떤 손잡이냐에 따라 자주 사용하는 손이 결정되는 것과 비슷하다. '오른손잡이'라는 것은 왼손을 결코 사용하지 않는다는 의미가 아니다. 어떤 오른손잡이는 오른손의 사용을 훨씬 선호하며 왼손은 거의 사용하지 않을 수도 있다. 아니면 양손잡이에 가까워서 몇 가지 일을 할 때에는 왼손을 사용할 수도 있다.

선호하는 손을 더 많이 사용할수록, 그는 자신감을 가지고 그것에 더 의지하게 된다. 이와 유사하게, 한 자녀가 그의 '성격성향'personality predisposition에 일치하는 반응을 더 많이 나타낼수록, 그 스타일이 더 강화된다.[1]

성격의 차이를 분류하는 데는 여러 가지 방법이 있다. 나는 가장 정확한 방법 중 하나가 '마이어 브릭스 성격유형지표'MBTI라고 생각한다. 마이어 브릭스의 자료는 부부, 배우자, 자녀의 성격을 파악하는 데 매우 유용하게 사용되고 있다. 이 자료를 통해 자녀의 성격유형을 이해하는 것은 부모로서 느끼는 좌절감을 감소시키고, 그 좌절감에서 비롯됐을지도 모르는 파괴적 의사소통 양식을 억제하는 데 도움이 될 것이다.

'마이어 브릭스 성격유형지표'MBTI는 네 쌍의 대조적 성격특질로 구성된다. '외향형과 내향형, 감각형과 직관형, 사고형과 감정형, 판단형과 지각형'이 바로 그것이다. 이 성격유형지표에 따르면, 각 사람의 성격은 이 네 가지 항목 안에서 개인 성향들의 조합에 따라 달라진다. 더 나아가 각 항목에서 한 개인이 갖는 성향의 강도는 그의 전반적 성격에 영향을 미칠 것이다. 예를 들어, 당신은 보통 수준의 외향형인 반면, 당신의 배우자는 약한 수준의 외향형이고, 당신의 첫째 자녀는 강한 외향형일 수 있다.

기본적으로 '마이어 브릭스 성격유형지표'MBTI의 네 쌍의 대조적 성격특질들은 다음의 16가지의 성향을 만들지만, 각 특질의 강약에 따라 많은 유형이 창출될 수 있다.

- 외향형/감각형/사고형/판단형
- 외향형/감각형/사고형/지각형
- 외향형/감각형/감정형/판단형
- 외향형/감각형/감정형/지각형
- 외향형/직관형/사고형/판단형
- 외향형/직관형/사고형/지각형
- 외향형/직관형/감정형/판단형
- 외향형/직관형/감정형/지각형
- 내향형/감각형/사고형/판단형
- 내향형/감각형/사고형/지각형
- 내향형/감각형/감정형/판단형
- 내향형/감각형/감정형/지각형
- 내향형/직관형/사고형/판단형
- 내향형/직관형/사고형/지각형
- 내향형/직관형/감정형/판단형
- 내향형/직관형/감정형/지각형

이번 장에서는 외향형/내향형, 감각형/직관형 자녀의 특징과 그들과의 의사소통을 위한 지침을 살펴볼 것이다. 이어서 다음 장에서는 사고형/감정형, 판단형/지각형 자녀에 대해서 살펴볼 것이다.

외향형과 내향형

외향형 캐런

이제 겨우 열 살이지만, 캐런은 사교성이 풍부하고 활달하다. 그녀는 학교와 동네에서 많은 아이들을 알고 있고, 친구들 없이 어떤 일을 하는 것은 생각하지도 않는다. 그녀의 부모는 종종 "좀 진득하게 집에 앉아서 얼마 동안이라도 혼자 놀지 그러니?"라고 말한다. 그러나 혼자 있는 것은 캐런에게 재미없다. 부모님이 조용히 하고, 생각을 깊이 하며, 혼자서 공부하라고 요구할 때마다 캐런은 그런 것을 하지 않으려 늑장을 부리는 경향이 있다. 그녀는 사람들과 함께 어울려 뭔가를 하는 것에서 자극과 원동력을 얻는다.

캐런의 부모는 그녀의 학습습관에 대해서도 염려한다. 캐런은 종종 TV나 라디오를 켜고 숙제를 한다. '이렇게 산만한 가운데 숙제를 하면서 뭘 배울 수 있을까?'라고 부모는 생각한다. 그러나 캐런은 그런 방해와 산만함 속에서도 숙제를 마칠 수 있는 것 같아 보인다.

캐런이 어른들을 포함한 다른 사람들에게 우호적임에도 불구하고, 때때로 그녀는 말로 사람들을 지배하는 경향이 있다. 그녀는 뒤로 미루지 않고, 문제가 일어난 바로 그때에 부모, 형제자매, 친구들과 함께 문제에 대해 토의하는 것을 좋아한다. 그러나 그녀는 남의 이야기를 항상 잘 들어주는 스타일은 아니다. 어떤 사람과 의견이 맞지 않을 때 그녀의 목소리는 더 커지고 더 빨라지며, 항상 "한 가지만 더 말할게"라고 말한다. 때때로 그녀는 무엇을 말할 것인지 충분히 생각하기 전에 말하는 실책을 범하기도 한다.

캐런은 종종 혼잣말을 중얼거리기 때문에 사람들은 그녀가 무슨 생각을 하는지 쉽게 알 수 있다. 그녀의 부모는 자주 "캐런, 누구에게 말하는 거니? 좀 조용히 해봐. 우리 귀를 좀 쉬게 해줘!"라고 말한다. 학교에서도 그녀는 선생님이 질문하실 때 제일 먼저 손을 드는 편이다. 처음에는 대답을 모를 수도 있지만, 말하는 동안 머릿속에 해답이 떠오른다.[2] 미국에는 3대 1의 비율로 외향형이 내향형보다 많다.

외향형에 반응하기

캐런이 물려받고 학습하여 세상과 상호작용하는 데 사용하는 성향은 외향형의 특질이다. 그렇다면 당신의 가정에 있는 외향형의 자녀와 긍정적으로 의사소통하기 위해서는 어떻게 해야 할까? 당신의 반응은 앞선 장들에서 논의된 자녀의 고유한 특성들, 즉 출생순서, 학습 유형, 내면의 시계, 동기부여 요인, 그 외 다른 것들을 바탕으로 계획되어야 한다. 자녀의 성격성향이 무엇이든, 이것이 항상 첫 단계다. 이를 염두에 두고, 외향형 자녀에 대한 부모의 반응과 관련하여 몇 가지 제안을 살펴보자.

1. **외향형이 외향형일 수 있도록 허용하라**

이렇게 하는 것이 당신에게 힘들 수도 있는데 특히 당신이 내향형에 가까울수록 그럴 것이다. 그러나 만일 자녀를 당신처럼 만들기 위해 자녀의 기본적인 성격성향에 맞선다면, 당신은 좌절을 겪을 것이고 당신의 자녀는 상처를 입을 것이다. 외향형 자녀의 성향을 수용하며 거기에 적응하라. 예를 들어, 외향형 자녀의 스케줄에 가족 모임이나 친구들과 활동할 수 있는 기회를 많이 넣도록 하라.

2. **자녀의 조용한 면을 격려하라**

외향형 자녀가 눈을 뜨고 있는 모든 시간마다 관계 속에서 여러 가지 활동에 몰입하게 하는 것은 바람직하지 않다. 그가 인식하든 인식하지 못하든, 그에게는 삶에 균형을 잡아줄 조용한 묵상의 시간이 짧게라도 필요하다. 이를 위해 당신이 해야 할 일은, 자녀에게 삶의 조용한 면이 두렵지 않고 흥미롭게 다가오게 하여, 그가 그 시간의 유익을 발견할 수 있게 하는 것이다. 그에게 조용한 시간을 갖게 하는 최선의 방법은 혼자만의 시간을 그의 삶에 조금씩 더하는 것이다. 하루에 15분(두 시간이 아니라) 동안 혼자만의 조용한 시간을 가지라고 그에게 요청하라. 그리고 그 시간에 그가 선택할 수 있는 흥미로운 대안들을 제시하라. 가령 그것은 독서, 이야기 CD 듣기, 특별한 장난감을 갖고 놀기 등이 될 것이다.

3. 그가 자신의 생각에 대해 얘기하도록 격려하라

외향형 자녀의 풍부한 사교성을 십분 이용하여 그의 내면에서 무슨 일이 일어나고 있는지를 탐구하라. 즉 그의 가치관에 대해 질문하고, 그가 많은 친구를 선택하고 관리하는 지침이 무엇인지 말하게 하라. 당신의 질문은 그가 여태껏 인식하지 못했을 수도 있는 어떤 결론에 도달하도록 도울 것이다.

4. 잘 들어주라

자녀의 인간관계와 활동에 관심을 보일 때, 당신은 말하기보다 들어주는 입장이 되어라. 그를 재촉하지 말고, 그가 자신의 아이디어와 문제를 자연스럽게 다 털어놓게 하라. 만일 당신 자신도 외향형이라면 이것이 당신에게 어려울 수 있다. 그렇다면 당신은 자신의 의견을 가지고 불쑥 끼어드는 대신, 질문하고 주의 깊게 듣도록 자신을 훈련할 필요가 있을 것이다. 자녀에게 많은 시간과 관심을 베풀어라. 그 결과 당신은 많은 보상을 받을 것이다.[3]

내향형 존

존은 여러 모로 캐런과 다르다. 존은 혼자서 놀거나 자기 방에서 책 읽는 것을 좋아한다. 그는 평안함과 고요함을 통해 성장하는 것 같다. 혼자만의 공간을 언제나 찾을 수 있는 것은 아니기 때문에 그는 어떤 상황에서도 아주 잘 집중하는 방법을 터득했다. 존은 다른 사람들의 말을 잘 들어주는 편이라 아이와 어른들 모두 그를 좋아한다. 그러나 그들은 존이 수줍음을 타고, 말수가 적고, 항상 생각에 잠겨 있다고 생각한다.

    존은 친한 친구가 두 명 있지만, 큰 집단으로 모이는 것은 별로 좋아하지 않는다. 그는 교회 수련회처럼 친구들이 함께 참석하는 단체 활동은 좋아한다. 그러나 큰 집회에 '혼자' 참석하는 것은 그에게 별로 매력적이지 않다. 부모는 존이 왜 자신들에게까지 비사교적인지 의아하게 생각한다. 존은 단체활동을 마치고 집으로 돌아왔을 때 무슨 일이 있었는지 부모에게 얘기하지 않고 곧장 자기 방으로 향한다. 부모는 존이 많은 사람과 함께 있은 후, 스트레스로 고갈된 배터리를 재충전하기 위해 평화와 고요함을 필요로 한다는 것을 이해하지 못한다. 한때 존은 2년 동안 형제와 한 방을 써야 했는데 존은 그것을 전혀 좋아하지 않았다. 그는 독방을 쓸 수 있는 날만을 기다렸다.

존에게서는 즉각적인 응답을 듣기가 어렵다. 그는 "생각해 볼게요"라거나 "나중에 말씀드릴게요"라고 말한다. 이러한 반응은 종종 그의 부모, 특별히 외향형인 그의 아버지에게 좌절감을 준다. 그러나 존은 말할 것을 머릿속에서 미리 연습하기를 좋아한다. 그리고 일단 말을 하게 되면 방해받지 않고 그의 생각과 감정을 나누고 싶어 한다. 때로 존은 자기가 말하는 중에 아버지가 불쑥 끼어들거나 심지어 그가 하던 말을 가로채 대신 마무리짓는 것에 화가 난다.

가끔 존의 주도면밀함은 학교에서 역작용을 일으킨다. 존을 담당한 선생님 중 일부는 그가 정신적으로 둔한 것이 아닌가 하고 생각한다. 그런 선생님은 질문이 끝나기도 전에 손을 번쩍 드는 외향형의 아이들과 존을 불공평하게 비교한다. 그러나 모든 학생에게 30초간 문제에 대해 생각하고 대답하라고 하면, 존은 가장 먼저 손을 드는 아이들 중에 속한다. 그는 결코 둔하지 않다.

존의 선생님이 성적을 판단하는 데 수업 참여도를 반영한다면, 그는 불이익을 당할 것이다. 만일 존이 학교나 교회에서 사람들 앞에 나가 발표해야 할 과제를 맡으면, 그는 그것의 준비와 실행을 미루다가 결국 억지로 시켜야만 할 것이다. "자, 어서 발표해. 넌 할 수 있어"라는 말로 그를 훈계하는 것은 별 도움이 되지 않는다. 그는 사람들 앞에 서기를 매우 불편해한다.[4]

내향형에 반응하기

출생순서, 학습 유형, 내면의 시계, 동기부여 요인 등을 염두에 둔 채, 내향형 자녀와 교류하는 것과 관련한 몇 가지 제안을 살펴보자.

1. 내향형이 내향형일 수 있도록 허용하라

그의 조용함, 사려 깊음 등을 높이 평가하는 말로 그의 성격유형을 인정하라.

2. 활동적인 면을 격려하라

그가 중요한 발표를 준비하고 있을 때 지원을 아끼지 말고, 단체활동을 선별하여 참여하도록 격려하라. 등교 첫날처럼, 위축감을 주는 단체환경에 당면할 때 그를 도와주라. 처음 며칠 동안 학교나 교실까지 함께 가라. 그가 보통 때 같으면 피했을 단체활동에 책임감 있게 참여했을 때 칭찬하고 격려하라.

3. 자신만의 영역을 주라

흔히 내향형 자녀는 풍성한 내면의 삶을 영위한다. 당신의 과제는 고로쇠나무의 수액을 끌어내듯이 그의 풍성한 자원을 이끌어내어 그와 당신에게 유익이 되게 하는 것이다. 그러나 그의 은밀한 공간에 억지로 들어가려 하지는 말라. 만일 그렇게 한다면 그는 당신을 쫓아내고 문을 잠가버릴 것이다.

내향형 자녀와 대화할 때, 압박감이 없는 환경을 조성하라. 말을 격하게 하거나 너무 크게 하지 말라. 그렇게 하면 그는 흥미를 잃을 것이다. 다정하고, 상대의 형편을 살피는 질문을 하며, 생각해보고 나서 대답해도 괜찮다고 제안하라. 그가 말할 준비가 되었을 때에는 주의를 기울이며 그의 말을 방해하지 말고 들어라.

그가 혼자서 하는 활동에 관심을 보여라. 이것을 기억하라. 그가 사회적 활동을 하는 데는 막대한 노력과 에너지가 소비된다. 손님들이 방문하여 저녁식사를 하게 될 때에는 여러 번 예고하고, 손님들이 돌아간 후에는 그가 혼자 있으면서 회복할 수 있는 시간을 갖도록 허락하라.[5]

지금까지 우리는 외향성과 내향성의 특징이, 주변 세상과 상호작용할 때 선호하여 사용하는 방식에 기초한다는 것을 살펴보았다.

"그렇지만 잠깐만요, 노먼. 저는 외향형 자녀를 여러 명 아는데 그들은 서로 달라요. 한 명은 자제력이 강하고 규모 있는 삶을 살지만, 다른 한 명은 산만해요. 제가 아는 내향형 아이들 중 한 명은 사색가이지만, 다른 한 명은 감정에 따라 살아가요. 어떻게 된 거죠? 무슨 차이가 있는 거죠?"

좋은 질문이다. 외향형 사이에도 차이가 있고, 내향형 사이에도 차이가 있다. 다음에서 설명하는 차이점을 이해할 때, 당신은 우리가 왜 모두 고유한지 더 잘 알게 될 것이다.

감각형과 직관형

감각형 프랭크

외향형이든 내향형이든 모든 아이는 우선 자신의 신체감각이나 직관을 통해 정보를 받아들인다. 프랭크는 '마이어 브릭스 성격유형지표' MBTI에서 감각형으로 불린다. 그는 느끼고 꿈꾸는 것보다 보고, 듣고, 맛보고, 만지고, 냄새 맡는 것에서 더 큰 영향을 받는다. 그는 매우 예민한 관찰력의 소유자이며, 세부사항에 주의를 기울이고, 당면한 임무에 생각을 집중시키며, 그 다음에 있을 일에는 별로 신경쓰지 않는다. 그는 공상하거나 상상에 몰두하는 데 많은 시간을 사용하지 않는다. 그는 실제적이며 유형적인 일에 열중한다.

프랭크는 문자 그대로 받아들여 생각하는 경향이 강하기 때문에 "진담이에요, 농담이에요?"라고 질문하는 경우가 종종 있다. 그는 구체적인 질문에 대한 구체적인 대답을 좋아한다. 당신이 그에게 시간을 물어보면, 그는 정확한 시간을 말할 것이다. 그가 당신에게 시간을 물었을 때 "갈 시간이 다 됐어"라고 대답한다면, 그는 정확한 시간을 듣지 못했기 때문에 만족하지 못하고 안달할 것이다.

학교에서 프랭크는 개념이나 이론보다 사실과 숫자를 가지고 공부하는 것을 좋아한다. 그는 상상에 몰두하는 데 많은 시간을 사용하지 않고, 오히려 사람들이 왜 공상을 좋아하는지 의아하게 여긴다. 그에게는 상상이나 공상이 너무 비현실적으로 느껴지기 때문이다.

그는 사실과 현실에 근거하지 않은 것을 싫어한다. 그는 체계적 방법을 적용할 수 있는 수업을 즐긴다. 교사나 부모가 명확하고 구체적인 지시를 전달하지 않을 때 그는 쉽게 좌절한다. 만일 교사나 부모가 "네가 해야 할 것이 여기 있다. 세부사항은 나중에 줄게"라고 말하면 그는 마음이 불편해진다.

미래라든가 실체가 없는 어떤 것에 대해 생각해야 할 때면 프랭크는 주춤하는 경향이 있다. 그는 현재 진행 중인 일에 참여하기를 더 좋아한다. 전체 70퍼센트의 사람이 감각형이라고 한다.

감각형에 반응하기

1. 사실에 입각하고 단도직입적이어야 한다

프랭크의 주의를 집중시키고 싶다면, 당신의 말이 사실에 입각하고 단도직입적이어야 한다. 당신이 말하기 시작하자마자, 당신이 무슨 말을 하려고 하는지 프랭크가 정확히 알 수 있게 하라. 그는 신문의 1면 기사를 읽는 것처럼 의사소통하기를 선호한다. 1면 주요 기사의 구조를 유의해 보았는가? 첫 문장에서 축약 형태로 기사를 사실적으로 요약해주고, 다음 세 문단에서 세부사항을 다룬다. 감각형의 사람에게 구체적인 설명을 해주기 전에 문제의 분석이나 해결을 요청하거나, 당신의 느낌을 얘기하지 말라. 감각형은 결론을 먼저 알기를 원한다.

2. 단계적인 지시를 내려라

감각형 자녀에게 임무를 맡길 때 '왜, 언제, 어떻게'를 제일 먼저 말하라. 요청의 타당성을 보여주고, 설명을 사실로 뒷받침하라. 한 번에 한 단계씩 임무를 부과하면, 그는 당신을 따라올 것이다. 만일 당신의 의사소통 유형이 핵심을 빗나가며 빙 돌려 말하는 것이라면, 압축하여 직설적으로 말하기 위해 노력해야 할 것이다. 만일 그렇게 하지 않는다면, 그는 답답해하거나 조바심내거나 당신의 말을 듣지 않을 것이다.

3. 구체적인 것을 선호하는 그의 성향을 인정하라

감각형 자녀는 많은 정보를 제공하는 환경에서 잘 성장할 수 있으므로 그가 중요하게 평가하는 것을 그에게 제공하라. 프랭크에게 임무를 부여할 때 '왜, 언제, 어떻게'를 말하라. 그가 당신에게 말할 때 그 안에 숨겨진 메시지가 있는지 신경 쓰지 말라. 그가 말하는 사실을 주의 깊게 들으며, 그가 말할 때 재촉하거나 중간에 방해하지 말라. 만일 그가 세부사항을 설명하면 잘 들어라. 당신은 그의 호기심을 충족시켜줄 자료를 제공하기 위해서 시간을 들여야 할 수도 있다. 그러나 그의 욕구를 채우려는 당신의 헌신은 그가 성장하는 데 큰 도움이 될 것이다. 충분한 정보를 얻으며 성장할 수 있는 환경에 그를 노출시켜라.

직관형 팀

팀은 프랭크와 정반대다. 프랭크는 자신이 실제적이고, 현실적이고, 사실에 근거를 둔다는 것에 자부심을 갖는 반면, 팀은 가능성이 무엇일지 생각하며 다가올 일을 예상하기를 좋아한다. 그는 일과의 세부 사항에 대해서 쉽사리 지루함을 느낀다. 그의 부모나 교사가 어떤 정보를 얻기 위해 질문하면, 그는 확실한 사실 대신 매우 일반적인 대답을 한다.

어느 날 아버지가 팀에게 "팀, 우리의 질문에 질문으로 대답하지 않았으면 정말로 좋겠다"라고 했다. 팀의 대답이 무엇이었는지 아는가? "그게 나빠요?"였다. 이것이야말로 전형적인 직관형의 모습이다. 그는 종종 질문에 질문으로 대답한다. 사람들이 구체적인 사실을 나누는 수준에서 그와 의사소통하려 할 때, 그는 짜증이 난다.

팀은 단어 게임을 하거나 복잡한 문제를 풀며 혼자 즐기기를 좋아한다. 부모와 교사는 그를 약간 멍한 상태로 보지만, 사실 그는 머릿속에서 여러 가지를 생각하고 있다. 그는 언제나 어떤 경험의 의미를 이해하려 애쓴다. 그는 정보를 취합하여 그 모든 것을 어떤 의미 있는 형태로 꿰려 한다.

팀의 부모는 그의 시간 감각 때문에 힘들어한다. 그의 시간 감각은 상대적이다. 그는 경기, 수업, 식사, 주일학교 활동이 자신이 참석하기 전에 시작하지 않는 한, 자신이 늦었다고 결코 생각하지 않는다. 만일 그 모임이 늦어져서 그가 도착한 몇 초 뒤에 시작하면 그는 자신이 지각하지 않았다고 생각한다! 그런 식의 이론과 논증하기란 결코 쉽지 않다.

물이 반쯤 찬 컵을 보며, 감각형 프랭크는 컵의 반이 비었고 가능성이 훨씬 적다고 보는 반면, 팀은 컵의 반이 찼고 가능성이 있다고 본다. 팀은 "그건 가능하지 않아요"라는 말을 듣기 싫어한다. 하지만 그는 흥미로운 아이디어들을 도출할 수 있음에도 불구하고, 사안의 실제적인 현실을 간과한다. 최종 성과에 초점을 맞추며 왜 그것이 가능하지 않을 수도 있는지의 이유들을 고려하지 못한다. 관심의 초점이 너무 미래에 있는 나머지, 때로 그가 주의를 기울여야 할 일이나 책임을 소홀히 한다. 그는 종종 자신이 감당하고 세부사항까지 돌보아야 할 일들을 뒤로 미룬다.

감각형 프랭크에게 방을 청소하라고 하면, 이미 청소가 된 거나 다름없다고 생각하면 된다. 그는 마룻바닥에서 인형과 옷을 집어 그것들이 있어야 할 옷장이나 장난감 상자에 질서정연하게 넣을 것이다. 그러나 직관형 팀에게 방을 청소시키면, 그는 첫 물건을 집어들고 20분 동안 그 물건의 잠재성에 대해 생각할 것이다! 팀의 어질러진 방은 가능성의 세계가 된다. 팀의 어머니가 그에게 좀더 구체적으로 지시하여 "네 책을 선반에 꽂고, 장난감을 통에 넣고, 네 옷은 서랍에 넣거라"라고 하면, 상상의 날개를 펴느라 정신이 분산될 가능성이 감소되므로 그는 청소를 좀더 잘할 것이다.[6]

'노아의 방주와 동물'이라는 장난감을 감각형 프랭크에게 주면,

십중팔구 프랭크는 모든 동물의 이름을 외우고, 동물의 색상과 표정에 감탄하며, 동물을 방주 옆에 깔끔하게 줄 세우고, 동물이 짝을 지어 방주 안으로 들어가는 놀이를 할 것이다. 그러나 똑같은 장난감을 팀과 같은 직관적인 어린이 집단에 주면, 그들은 그것으로 교회 흉내 놀이를 하면서 방주를 헌금함처럼 돌리며 동물을 동전처럼 그 안에 떨어뜨릴 것이다. 나중에 방주는 샐러드 접시가 되고, 코끼리와 호랑이는 토마토와 오이가 될 수도 있다.

　직관을 통한 정보의 수집을 선호하는 사람들은 지금 여기, 현실, 사실에 관심을 별로 두지 않는다. 그 대신 미래, 가능성, 영감에 생각의 초점을 맞춘다.

　팀과 같은 아이들은 종종 창의적이고, 혁신적이고, 상상력이 풍부하게 보인다. 그러나 그들은 더 나은, 최소한 다르기라도 한 접근 방법을 항상 찾기 때문에 쉼이 없고 심지어 불만족 상태에 머무르기도 한다.[7]

직관형에 반응하기

직관형 자녀와 효과적으로 의사소통하기 위해 당신은 무엇을 할 수 있는가? 여기 몇 가지 제안을 살펴보자.

1. 상상력을 키워주라

직관형 자녀의 창의성에 불을 붙여줄 놀이 재료들을 제공하라. 찰흙,

미술 도구, 블록 쌓기 도구, 요리 재료, 악기 등이 그것이다. 그리고 그것에 몰두하도록 격려하라. 선별된 책, 오디오와 영상 자료, TV 프로그램 등을 통해 공상의 세계를 접하게 하라. 당신을 익숙하고 안락한 일상생활로부터 이끌어내어 가능성과 흥분의 세계로 고양시켜주는 자녀의 능력을 격려하고 높이 인정하라.

2. 문제해결 과정에 그를 포함시켜라

만일 당신이 팀의 주의를 끌고 싶다면, 그에게 흥미로운 한 가지 가능성을 제공하라. 직관형 자녀와 토의할 수 있는 가족 쟁점이나 문제가 있을 때, 해결책의 발견을 도와달라고 그에게 요청하라. 그러나 너무 많은 세부사항을 한꺼번에 그에게 주지 말라. 그는 그것을 다 기억하지 못할 것이고, 당신은 그것을 반복해서 말해주어야 할 것이다. 이런 식으로 문제를 해결하려면 많은 시간이 들겠지만, 당신의 창의적이고, 혁신적이고, 상상력이 풍부한 자녀는 올바른 해결책을 찾기 위한 하나님의 도구일지도 모른다. 하나님이 팀을 만드신 방식에 저항하지 말라.

3. 행간의 의미를 읽어라

나는 어떤 직관형 아이의 부모가 자신의 자녀에 대해 한 말을 기억한다. "저 아이는 머리를 구름 속에 두고 돌아다닌다니까요." 그 말은 사실이다. 그들은 그렇게 한다. 그곳이 직관형이 사는 곳이자 그들이 최선을 발휘할 수 있는 곳이다. 그들의 머릿속에서 무슨 일이 일어나고 있는지 이야기하도록 그들을 격려하라. 직관형 자녀가 당신에게 말할 때, 그의 말을 너무 문자 그대로 받아들이지 말라. 그의 창의성은 자신에게는 분명하지만, 익숙지 않은 사람에게는 모호한 용어나 심상으로 느껴지며, 때때로 어쩌면 '암호'로 말하는 것처럼 들릴지도 모른다. 당신은 모든 애매한 빈칸이 채워질 때까지 "네 말은 ~라는 뜻이니?"라고 질문하면서 그의 진짜 메시지를 발견하라.

4. 규칙을 명확하게 하라

직관형 자녀가 불순종한다면, 그것은 그가 규칙의 중요성을 인지하지 못하기 때문일 수 있다. 규칙들이 그에게 타당성을 제시하지 못한다면, 그는 왜 그 규칙들을 지켜야 하는지 의아하게 생각할 것이다. 그 규칙이 필요한 이유에 대해 그와 함께 탐구하라. 만일 그것이 실효가 없다면, 이렇게 말할 수 있을 것이다. "이 규칙이 네게 의미 없어 보인다는 것을 난 이해해. 그건 괜찮아. 그러나 우리는 모두 비합리적으로 보이지만 따라야만 하는 어떤 규칙과 지침들을 가지고 있어. 네게는 이것이 그런 규칙 중의 하나인 것 같구나. 이 문제를 어떻게 해결할 수 있으리라고 생각하니?"

이런 접근법이 "내 규칙에 토를 달지 마. 이렇게 하게 되어 있는 거니까 넌 지금 이대로 따라야 돼!"라고 말하는 것보다 더 효과적일 것이다.

5. 실행하도록 도와주라

직관형 자녀가 자신의 계획을 완전하게 이행하지 않더라도 화내지 말라. 그는 계획하는 것을 좋아하지만 실행하는 것에는 약하다. 자녀가 시작한 일을 완수하도록 도와주라. 그가 실행할 때마다 어떻게 느끼는지 알아보고 그의 행동을 인정해줌으로 행동을 강화하라.

다음 장에서 다른 성격유형들을 살펴보기 전에, 잠시 시간을 내어 당신의 가정에 있는 외향형/내향형, 감각형/직관형 자녀에 대해 생각해보라.

행복한 부모 되기 스터디 가이드

당신의 배우자, 신뢰하는 친구,
또는 당신이 속한 스터디 그룹과 함께 나누세요.

Q 당신 가정의 각 구성원의 외향형/내향형 성격유형을 가장 잘 나타내는 숫자에 동그라미를 치라.

☑ 당신

외향형   내향형
0   1   2   3   4   5   6   7   8   9   10

☑ 배우자

외향형   내향형
0   1   2   3   4   5   6   7   8   9   10

☑ 첫째 자녀

외향형   내향형
0   1   2   3   4   5   6   7   8   9   10

☑ 중간 자녀

외향형   내향형
0   1   2   3   4   5   6   7   8   9   10

☑ 중간 자녀

외향형   내향형
0   1   2   3   4   5   6   7   8   9   10

☑ 막내 자녀

외향형　　　　　　　　　　　　　내향형
　0　1　2　3　4　5　6　7　8　9　10

Q 당신 가정의 각 구성원의 감각형/직관형 성격유형을 가장 잘 나타내는 숫자에 동그라미를 치라.

☑ 당신

외향형　　　　　　　　　　　　　내향형
　0　1　2　3　4　5　6　7　8　9　10

☑ 배우자

외향형　　　　　　　　　　　　　내향형
　0　1　2　3　4　5　6　7　8　9　10

☑ 첫째 자녀

외향형　　　　　　　　　　　　　내향형
　0　1　2　3　4　5　6　7　8　9　10

☑ 중간 자녀

외향형　　　　　　　　　　　　　내향형
　0　1　2　3　4　5　6　7　8　9　10

☑ 중간 자녀

외향형　　　　　　　　　　　　　내향형
　0　1　2　3　4　5　6　7　8　9　10

☑ 막내 자녀

외향형   내향형
0   1   2   3   4   5   6   7   8   9   10

Q 당신, 배우자, 자녀의 외향형/내향형, 감각형/직관형 유형에 근거하여 가족의 의사소통에 관한 어떤 유용한 결론을 내렸는가?

note

1) Otto Kroeger and Janet M. Thueson, Type Talk(New York: Delacorte Press, 1988), adapted from pp. 10-11.
2) Ibid., adapted from pp. 33,83,93,145.
3) LaVonne Neff, One of a Kind(Portland, OR: Multnomah Press, 1988), adapted from pp. 48-49.
4) Kroeger and Thueson, Type Talk, adapted from pp. 33,83,93,145.
5) Neff, One of a Kind, adapted from pp. 48-49.
6) Kroeger and Thueson, Type Talk, adapted from pp. 67-69,83-84,94,161-162.
7) Neff, One of a Kind, adapted from pp. 34-35.

자녀의 성격에 맞춰
의사소통하기 2

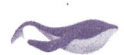

두 쌍의 부부가 저녁식사를 마친 후, 함께 테이블에 둘러앉아 복잡하고 큰 퍼즐 맞추기를 시작했다. 한 시간 넘게 천 개의 퍼즐 조각을 맞추어 윤곽을 잡은 끝에 그림이 그들 앞에 형체를 드러내기 시작했다.

한 아버지가 말했다. "이 퍼즐 조각을 맞추며 마침내 그림이 의미를 갖게 되는 것을 보니 헬렌과 제가 우리의 세 아이를 양육하며 발견한 것이 떠오릅니다. 각 아이를 이해하고, 그 아이들의 차이점에 어떻게 반응해야 할지를 이해하게 되기까지 몇 년이 걸렸죠. 우리 부부는 지금 자녀의 출생순서와 성격유형에 대한 세미나에 참석 중이에요. 아직 다 끝난 것은 아니지만, 우리는 아이들을 새롭게 보기 시작했어요.

저는 아이들이 제가 원하는 모습으로 되지 않는 것 때문에 화를 내고 좌절하며 그들에게 압력을 줬어요. 그러나 아이들은 변하지 않았죠. 하지만 이제 저는 왜 제가 택한 방법이 효과가 없었는지 깨달아가고 있어요. 저는 완고하게 제 생각에만 사로잡혀 있었어요. '나는 그렇게 할 수 있는데, 아이들은 왜 그렇게 하지 못할까?'라고 생각했던 것이죠.

그러다가 저는 제가 하나님께 대항하고 있다는 것을 깨닫게 되었어요! 얼마나 엄청난 생각입니까! 저는 제 자녀에 대한 하나님의 계획에 역행하고 있었던 겁니다. 그러나 이제 자녀를 더 이해하면 할수록 저의 좌절감은 줄어들고 있습니다. 처음에는 새로 알게 된 이 사실들에 좀 압도되었지만, 나중에 알고 보니 상당히 간단하더군요. 그건 마치 이 퍼즐을 맞추는 것과 같아요. 물론 우리의 아이들과 함께 맞추어가야 할 퍼즐 조각들은 여전히 몇 개 더 있습니다. 하지만 이미 그림이 형체를 이뤄가고 있어요."

당신 역시 이 아버지처럼 느끼고 있는가? 사실 많은 사람이 그렇게 느낀다. 부모역할은 모든 퍼즐 조각을 조합하는 것과 비슷하다. 지금까지 우리는 외향형과 내향형, 감각형과 직관형의 아이에 대해 살펴보았다. 어떤 아이들은 한 성향이 매우 강한 반면, 어떤 아이들은 한 성향이 두드러지지 않고 조화롭다. 그 다음으로 우리가 생각해 볼 것은 여러 성향의 조합이다. 일부 외향형은 감각형이고, 다른 일부는 직관형이다. 내향형이자 감각형일 수도 있고 아니면 직관형일 수도 있다.

이 시점에서 여러분은 "마침내 조합을 이해했으니 한숨 덜었어"라고 생각할 수도 있다. 그러나 아직은 아니다. 우리가 심사숙고해야 할 두 쌍의 조합이 아직 남아 있고, 그 후에야 퍼즐이 완성될 것이다.

지금까지 우리는 '마이어 브릭스 성격유형지표'MBTI에 근거하여 외향형, 내향형, 감각형, 직관형의 성격특질을 고찰했다. 당신이 앞 장의 '행복한 부모 되기 스터디 가이드'를 통해 발견했듯이, 당신, 배우자, 각 자녀는 조금씩 다른 성향들의 조합을 갖는다. 예를 들어, 당신은 강한 외향형이자 보통 수준의 직관형이고, 당시의 배우자는 보통 수준의 내향형에 강한 감각형이며, 당신의 첫째 자녀는 보통 수준의 외향형에 보통 수준의 감각형일 수 있다. 당신이 자녀의 성격성향의 조합을 더 잘 이해할수록, 그들을 양육할 준비가 더 잘될 것이다.

그러나 성격유형에 대한 고찰을 다 마친 것은 아니다. 우리가 고찰해야 할 다른 조합들이 있다. 이번 장에서는 사고형과 감정형, 판단형과 지각형을 살펴볼 것이다. 이런 성향들은 앞선 네 개의 성향과 함께 성격유형에 대한 완전한 그림을 제공할 것이다.

사고형과 감정형

감각형/직관형의 대조적 조합은 우리가 정보를 어떻게 받아들이는지를 정의한다. 그리고 사고형/감정형의 대조적 조합은 수집된 정보로 어떻게 의사결정하는지를 정의한다. 사고형은 사실과 원칙의 논리적 분석에 근거하여 의사결정을 내린다. 감정형은 무언가를 결정할 때 감정의 영향을 크게 받는다. 약 65퍼센트의 남성이 사고형으로서 감정을 경험하기보다 이해하기를 선호한다. 대조적으로, 65퍼센트의 여성이 감정형이다.

남성이건 여성이건 간에, 100퍼센트 사고형이나 감정형인 사람은 아무도 없다. 우리는 모두 의사결정을 할 때 어느 정도 생각과 감정을 다 이용한다. 사고형/감정형의 대조는 우리가 가진 우선적인 성향을 나타낼 뿐이다.

사고형 토니

열 살인 토니는 사람들과 상호작용할 때, 어떤 것에 대한 절대적인 진실을 알고 싶어한다. 의사결정을 내리기 위해서는 사실을 알아야 할 필요가 있다. 그는 어떤 것이 증명되기 전까지 의혹을 품는 경향이 있다. 부모가 뭔가를 하라고 지시하면 토니는 "왜요?"라고 반응한다. 토니는 부모가 그 지시에 순응하거나 무시했을 때의 결과를 알려주어야만 만족한다. 선택하기 전에 사실을 정리하고 분석할 수 있을 때 그는 가장 행복하다.

토니는 논리와 과학에 관련된 취미와 과제를 좋아한다. 그는 다른 아이들과 사귀기보다는 모형 비행기를 만들 것이다. 그는 사람들과 관계를 맺으며 하는 일보다 자신만이 처리할 수 있는 일에 더 편안함을 느낀다.

토니는 대화할 때 말을 낭비하지 않는다. 그는 자신의 의견을 간단명료하게 표현하고 요점을 말한다. 그의 누나가 어떤 것에 대해 두서없이 말하기 시작할 때, 당신은 토니가 조바심내는 것을 볼 수 있다. 주변 사람들이 흥분할 때도 토니는 침착하고 평안하며 모든 상황을 객관적으로 바라본다. 그는 다른 사람들이 앞에 있는 문제와 아무 상관없어 보이는 일에 왜 그렇게 감정적으로 반응하는지 의아하게 생각한다. 만일 누군가와 의견이 다르면, 토니는 상대방의 감정을 다치지 않게 하기 위해 잠잠히 있기보다 그것에 대해 솔직히 말한다. 사고형은 '무엇이 사람들을 행복하게 하는가'보다는 '무엇이 공정한가'에 근거하여 의견차이를 해결한다.

토니의 부모는 아들이 냉정하고 무관심해 보이기 때문에 걱정한다. 그러나 토니도 관심이 있기는 하다. 다만 정직과 공정이 그에게 매우 중요할 뿐이다. 그는 친구들에게 인기 있는 것보다 올바른 것이 더 중요하다고 부모에게 말하기도 했다. 토니는 성인이 되어서 자신의 감정을 이해하고 표현하는 데 어려움을 겪을 수도 있는데 그것은 강한 사고형을 가진 남자들의 딜레마이기도 하다.

사고형에 반응하기

당신의 가정에 있는 사고형 자녀와 효과적으로 의사소통하기 위한 몇 가지 제안을 살펴보자.

1. 당신의 의사를 분명하고, 논리적이고, 간단하게 설명하라

사고형 자녀의 주의를 끌려면, 그에게 '오직 사실만'을 말해야 한다. 만일 사고형 자녀가 이해하고 따르게 하려면, 당신이 느끼는 것이 무엇이든, 구체적이고 논리적이고 사실적인 진상만을 제시해야 한다. 장황한 설명을 늘어놓거나 감정에 호소하는 것은 그에게 별로 효과가 없을 것이다.

당신이 사고형 자녀에게 집안 일을 하라고 하면, 그는 왜 그것을 해야 하냐고 물어서 당신을 성가시게 할지도 모른다. 만일 합당한 이유가 있다면 그에게 말하라. 그렇게 하려면 당신의 인내와 깊은 생각이 수반되겠지만, 그것은 그에게 효과가 있다. 당신은 이렇게 생각할지도 모른다. '도대체 왜 내가 항상 이 아이에게 이유를 제시해야 하지? 내가 그 애 나이였을 때 부모님이 내게 뭘 하라고 말씀하시면 나는 무조건 했고, 무엇을 대가로 받을지도 그냥 알았어! 나는 그거면 충분했는데, 왜 토니는 그렇지 못하지?' 당신은 아무 설명 없이 화난 어조로 "하지 않기만 해봐라!"라고 위협함으로써 그에게 강요할 수도 있을 것이다. 그러나 그것은 당신과 그의 관계에 좋지 않은 영향을 미칠 것이고, 자녀의 고유성을 수용하지도 못할 것이다.

그가 호기심이 많은 것은 하나님이 그를 사고형으로 만드셨기 때문이다. 인내심을 가지고 분명하게 당신의 이론을 설명하거나, 나중에 그의 호기심을 충족시켜줄 것이라고 확실히 말하라.

2. 논리에 귀를 기울여라

사고형 자녀가 당신에게 말하고 있을 때, 그의 논리에 집중하고 그의 주된 생각을 확실히 파악하라. 그는 주변을 건드리지 않고 곧장 요점으로 들어갈 것이므로 주의 깊게 들어라. 그가 그 문제에 대한 당신의 감정을 간과하고 있는 것 같더라도 상처받지 말라. 이것을 기억하라. 그에게 중요한 것은, 부모인 당신의 감정을 희생하는 한이 있더라도 무엇이 옳은가를 밝히는 것이다. 그의 논리가 분명하고 정확하다면, 특히 당신이 감정을 억제하며 "이번에는 네가 옳고 내가 틀렸다"라고 시인해야 한다면, 그의 논리를 받아들이고 그를 인정하라.

같은 식으로 당신은 그의 감정을 상하게 할까 봐 지나치게 염려할 필요가 없다. 당신의 의견이 그와 맞지 않을 때, 당신의 논증이 분명하고 논리적이라면 그는 힘든 감정 없이 당신의 논증을 받아들일 것이다.

가능할 때마다, 논리와 분석이 필요한 문제에 있어서 사고형 자녀에게 제안이나 조언을 요청하라. 수학, 과학, 논리적인 게임, 컴퓨터 활동 등의 영역에서 그가 잘할 수 있도록 격려하라. 당신이 그의 장점을 활용하고 그의 기여를 인정한다면, 그는 가족의 의사결정에 큰 도움을 줄 것이다.

3. 감정적 측면을 격려하라

사고형 자녀의 삶에 균형을 맞춰주기 위해서는 그가 자신과 타인의 감정을 깨닫고 용납하도록 도와주어야 한다. 이것은 사고형 소년이 감정지향적인 소녀와 관계를 맺을 때 특히 중요하다.

다음은 한 부모가 사고형 자녀의 감정적 측면을 격려하기 위해 한 말이다.

"나는 너의 매우 논리적이고 사실적인 부분을 좋아한단다. 넌 네 인생에서 그 면을 정말 잘 개발시켰어. 그런데 나는 네가 삶의 다른 면을 개발시키는 것에 대해 생각해본 적이 있는지 궁금하구나. 네 감정을 다른 사람들에게 표현하는 방법을 아는 것은 여러 가지로 유익하단다.

첫째로, 감정은 실제적인 에너지의 원천이란다. 네 자신이 무엇인가에 대해 어떻게 느끼는지 인식한다면, 너는 그 일을 더 잘할 수 있는 힘을 얻게 될 거야. 때로 네가 무엇인가에 대해 생각하고 있을 때, 너는 잠시 생각을 중단하고 네가 그것에 대해 어떻게 느끼는지 스스로 질문해볼 수 있겠지.

둘째로, 너의 감정을 다른 사람과 나누거나 종이 위에 적는 것은, 네 삶의 스트레스와 긴장을 없애는 데 도움이 된단다.

셋째로, 어떤 아이들은 사실보다 감정에 더 잘 반응한단다. 만일 네가 너의 감정을 나누면, 그들은 더 자주 네 말에 귀 기울일 것이고, 너를 더 좋아할 것이고, 너의 제안을 더 고려해보려 할 거야.

넷째로, 네가 낙심되고 상처받았을 때, 내면의 고통을 인정하고 그것에 대해 누군가와 이야기를 나누면 기분이 한결 나아질 거야. 그 감정들을 묻어두는 것은 마치 불붙은 다이너마이트를 마음에 묻어두는 것과 같단다. 그것은 언젠가 네가 원하지 않을 때 폭발할 거야.

마지막으로, 넌 잘 모를 수도 있겠지만 네가 아는 많은 여자아이는 감정에 대해 얘기하기를 좋아한단다. 너의 감정에 대해 그들과 얘기를 나눌 수 있다면, 그들은 너에게 더 긍정적으로 반응할 거야."

감정형 헤더

열두 살인 헤더의 의사결정은 자신의 개인적인 가치, 이상, 감정, 욕구에 의해 크게 영향받는다. 정보에 객관적으로 접근하는 토니와는 달리, 헤더는 인생의 사건들을 주관적으로 해석한다.

헤더는 사람들이 헤더를 좋아하고, 또 사람들 간에 서로 좋아하는 것에 매우 관심이 많다. 종종 헤더에게는 어떤 사람의 인정을 받는 것이, 솔직하거나 심지어 진실을 말하는 것보다도 더 중요하다. 관계의 평화를 유지하는 것이 헤더의 높은 우선순위다. 그녀는 다른 사람들의 인정을 갈구하며, 사람들이 자신을 좋아한다는 것을 알고자 하는 욕구가 있다. 선생님이 그녀를 칭찬하면 헤더는 그 일을 끝내버린다.

어떤 결정을 내려야 할 때, 헤더는 반드시 다른 사람의 감정을 고려한다. 그녀를 가장 잘 표현하자면, 다정다감하고, 인정이 많고, 화목하고, 남들을 배려한다. 아직 어린 나이임에도 불구하고 헤더는 상대방의 입장이 되어볼 줄 안다. 나이가 들어감에 따라, 그녀의 결정은 다른 사람에게 어떤 영향을 미칠 것인가에 의해 더욱 지배될 것이다. 때로 그녀는 다른 사람의 필요를 채우는 데 너무 몰입한 나머지, 자신이 손해를 보기도 한다. 그녀가 사고적인 측면을 개발함으로써 감정에 균형을 잡지 않는다면, 다른 사람들이 계속해서 그녀를 이용할 것이다.

헤더의 부모님은 그녀의 우유부단함을 염려한다. 그녀는 어떤 것을 말하고 난 후에라도 누군가가 그것 때문에 마음이 상하면 생각을 바꿀 것이다. 그녀는 모든 일을 너무 개인적으로 받아들이는 경향이 있다. 사고형이 남들에게 자신의 의견을 관철시키는 경향이 있는 반면, 헤더와 같은 감정형은 남들의 뜻에 끌려간다. 헤더는 거절할 때 죄책감을 느끼지 않기를 배우는 것이 좋을 것이다.

감정형에 반응하기
당신의 가정에 있는 헤더와 같은 자녀에게 어떻게 반응할 수 있을까? 몇 가지 제안을 살펴보자.

1. 인정해주고 관심을 보이라
당신의 감정형 자녀는 당신이 그로 인해 즐거워한다는 것, 특히 의견이 서로 다를 때에도 그러하다는 것을 계속 들어야 할 필요가 있다. 감정형 자녀를 교정할 때, 그가 잘한 것에 대한 인정도 포함하라. 예를 들어, "너와 남동생이 함께 놀아서 엄마는 참 기쁘다. 그러나 오늘은 네가 동생에게 좀 거칠었으니 네 방에 가 있어야 해"라고 말하라. 감정형 자녀가 진보하는 것을 보고 싶다면, 그가 하고 있는 일에 대해 진실한 관심을 보여주어라. 그러면 그는 당신을 기쁘게 하려고 분발할 것이다.

2. 그의 사고 측면을 격려하라

너무나도 많은 감정형 아이가 끝에 가서는 마음에 상처를 입거나, 다른 사람들을 도우려다 희생되고 만다. 감정형 자녀가 자신에게도 건전하고 다른 사람들에게도 유익을 주는 방식으로 다정다감함과 인정을 나눌 수 있게 실제적인 방안을 제시하라. 사람들을 기쁘게 하는 그의 행동이 그 자신에게 갖는 의미를 깊이 생각해보게 함으로써, 그가 남들을 기쁘게 하는 과정에서 희생되지 않게 하라.

3. 감정적인 언어로 의사소통하라

감정형 자녀가 당신에게 그의 감정을 나눌 때, 여러 가지 사실로만 반응하지 말라. 먼저 그의 감정 차원에서 의사소통하라. 예를 들어, 만일 그가 "내일 있을 받아쓰기 시험 때문에 걱정돼요"라고 말하면 불쑥 "그럼, 단어 목록 이리 줘봐. 내가 테스트해줄게"라고 말하지 말라. 나중에 당신의 그런 도움이 필요할 수도 있겠지만, 그보다 먼저 "받아쓰기 시험을 생각하니 불안하구나. 네 눈을 보니 걱정하는 것 같다. 그래도 시험이 끝나면 정말 좋겠다, 그렇지?"라고 반응하라. 일단 감정형 자녀와 언어로 연결되고 나면, 그는 당신과 자신의 언어로 계속 얘기를 나누는 데 마음이 열릴 것이다.

감정형 자녀에게 동기부여하려면, 그가 성취해야 할 과제와 함께 그의 순종에 대해 당신이 어떻게 느끼는지도 나누어야 한다. 한 어머니가 이렇게 말했다. "저는 제 딸이 해야 할 구체적인 일의 목록을 만들었고, 때로는 그것을 해야 할 이유를 제시하기도 했어요. 그러나 그건 효과가 없는 것 같았어요. 그래서 저는 그 아이가 그걸 잘하면 제가 어떻게 느낄지와 그 일을 마치고 났을 때 자신이 어떻게 느낄지를 얘기해 주었어요. 그러자 그 전과 얼마나 큰 차이가 있었는지 몰라요!"[1]

판단형과 지각형

판단형 프레드

활발한 열네 살짜리 프레드는 '마이어 브릭스 성격유형지표'MBTI에서 판단형으로 분류된다. 이 이름은 심판이나 비판적이라는 것과는 아무 상관이 없다. 오히려 이것은 규칙에 따라 사는 사람을 의미한다. 프레드는 자신의 삶이 잘 관리되는 것을 좋아한다. 그는 결단력 있고 신중하게 행동한다. 그의 공부와 놀이는 계획되고, 미리 일정이 짜여지며, 조직된다. 그는 시간을 너무나도 의식하기 때문에 마치 시계가 내장되어 있는 것 같다. 그는 지금이 몇 시인지 잘 알고, 언제나 시간을 지키며, 다른 사람들도 시간을 지키기를 기대한다.

아침에 눈을 뜬 이후 프레드의 하루에는 놀랄 만한 일이 별로 없다. 그는 하루의 일정을 미리 잘 짠다. 어떤 예기치 않은 사건에 의해 그의 스케줄이 혼란에 빠질 때 그는 화가 난다. 그는 일이 효율적이고 목표 지향적으로 되는 것을 좋아한다. 그는 자기 주변의 사람들이 각자 정해진 일들만 잘 해도 삶이 훨씬 더 나아질 것이라고 생각한다.

프레드는 자기 방을 늘 단정하고 질서정연하게 유지하는 보기 드문 십대 중의 하나다. 그는 자기 방, 자기의 물품, 자기의 책을 정리하는 데 나름대로의 체계를 가지고 있다. 그는 모든 물건의 자리를 정해놓고 있으며, 모든 것이 제자리에 있기 전까지는 결코 쉬지 못한다. 그는 목록을 만들기를 좋아하며, 그에게 목록이 중요하다는 것을 부모에게 알린다.

프레드는 종종 단호하고 강렬하게 자기의 주장을 고집한다. 때로 자기의 신념을 너무나도 강하게 말하기 때문에 아버지는 그의 분노를 지적한다. 그러나 프레드는 자신이 분노했다고 생각하지 않고, 단지 자신이 옳다고 확신할 뿐이다. 그러나 그가 항상 옳은 것은 아니다. 그는 종종 쟁점의 양면을 다 점검하거나 모든 정보를 취합하기 전에 잘못된 결론을 내린다. 그는 여동생과 갈등을 겪을 때 지배적 위치를 유지하려 하며, 대안에 대해 논의하려 하지 않는 것 같아 보인다. 또 그는 일이 잘못될 때 다른 사람을 탓한다.

판단형에 반응하기

1. 시간감각을 수용하려고 노력하라

판단형 자녀는 자신의 삶이 조직되고 예측가능할 때 더 안정감을 갖는다. 당신 가족의 일정 전부를 그의 시간감각에 맞추어 계획해야 할 필요는 없지만, 자녀의 조직화에 대한 욕구를 수용하기 위해 할 수 있는 것은 하라. 예를 들어, 예측가능한 일생생활의 일정에 대해 자녀와 합의하라(기상 7:00, 아침 식사 7:45, 등교 8:15, 놀이 4:00, 저녁 식사 5:30, 집안일 및 숙제 6:30, TV 시청 7:30, 취침 9:30). 최대한 일정을 지켜라. 혹 일정이 변경되어야 할 때는 미리 자녀에게 변화를 설명하고 새로운 일정에 대해 타협하라. 예를 들어, "내일 방과 후에 네가 강아지를 동물병원에 데려갔으면 좋겠는데, 너의 놀이 시간을 6시 30분으로 옮겨도 괜찮겠니?"라고 말하라.

2. 자발적인 측면을 격려하라

이것을 할 수 있는 가장 쉬운 방법은 자녀의 삶 속에 자발성을 위한 시간을 계획하는 것이다. 예를 들어, 토요일 오후 2시부터 4시 사이에 가족활동 시간을 계획하라. 모든 가족이 차에 탔을 때, 그 시간 동안 가족이 할 일(공원에 가기, 쇼핑몰에 가기 등)을 각 자녀가 선택해야 한다고 선언하라. 이러한 방법은 틀에 짜인 자녀에게 자발적인 활동을 하는 것이 얼마나 즐거운지 맛보게 할 것이다.

지각형 셰릴

셰릴은 열세 살이고 프레드의 여동생이다. 그녀는 판단형인 오빠와 정반대다. 셰릴은 지각형으로 묘사된다. 그녀는 호기심이 많고 유연하며 적응력이 있다. 셰릴은 의외의 일들과 자발적인 일들을 통해 성장하며, 예상치 못한 일에 대처하기를 아주 잘한다. 사실, 계획이라는 것은 그녀에게 생소한 단어다.

그녀는 제한적인 계획을 너무 많이 만드는 대신, 삶이 '저절로 이뤄지게' 내버려둔다. 학교 과제의 기한이 되면, 그녀는 그 시간에 맞춰 과제를 마치긴 하지만, 마지막 시간에 허겁지겁 서두르며 밤을 새움으로써 나머지 식구들을 소동에 빠뜨린다.

프레드는 셰릴이 무질서하다고 말하지만, 셰릴은 결코 자신을 그렇게 보지 않는다. 그녀의 방은 프레드의 방과 매우 다르다. 그 방에는 질서라곤 하나도 없으며, 셰릴은 그런 식의 방을 좋아한다. 그녀는 자기 방을 창의적이라고 부르는 반면, 그의 부모는 혼란스럽다고 말한다.

흔히 셰릴은 결단을 할 만큼 충분한 정보를 모른다고 느끼기 때문에, 그녀가 의사결정을 하는 데는 더 큰 수고가 필요하다. 때로 그녀는 결정하기까지 너무 오래 기다려서 몇 가지 기회를 잃기도 한다. 그녀는 끊임없이 대안을 찾으면서 "결정하기 전에 모든 선택사안을 살펴보자"라고 말한다. 그녀는 마음을 바꾸고 또 바꿀 수 있다. 이것이 프레드에게 어떤 영향을 미칠지 상상할 수 있을 것이다! 어쨌든 그녀는 다른 사람들의 도움 속에서 좀더 결단력 있기를 배우는 중이다.

프레드는 셰릴과 긴 대화를 나누는 것을 좋아하지 않는다. 가끔 그는 셰릴의 방으로 들어와서 "난 지금 1분의 시간을 낼 수 있으니 짧게 요점만 대답해 줘"라고 말한다. 그가 이렇게 말하는 것은, 대화를 길게 하면 셰릴이 대화의 주제를 벗어난다는 것을 알기 때문이다. 그녀는 대화를 하다가도 자신의 생각이나 주변에서 일어나는 일에 주의를 빼앗길 수 있다. 프레드는 셰릴의 그런 점을 지적한다. 프레드에게는 삶이 흑과 백이지만, 셰릴에게는 모든 것이 회색이고 서로 얽혀있다.

셰릴에게는 시간이 상대적이다. 때로 그녀는 다른 일에 정신을 빼앗겨 지각하고, 때로는 일찌감치 도착한다. 어느 날 그녀는 중고등부 예배 시간보다 한 시간이나 빨리 교회에 도착했다. 그래서 길을 건너 가게에 갔다가 친구 한 명을 만났다. 그들이 얘기를 끝내고 셰릴이 교회로 돌아왔을 때는 예배 시간보다 20분이 지난 후였다. 그녀의 삶은 늘 이런 식이다!

지각형에 반응하기

1. 구조적인 측면을 격려하라

지각형 자녀의 삶도 좀더 조직화되어 균형을 이룰 필요가 있지만 대부분 프레드와 같은 일정을 따라서는 살지 못할 것이다. 지각형 자녀와 타협할 수 없는 활동들(식사시간, 취침시간 등)에 대해서 당신이 받아들일 수 있는 일정을 논의하라. 예를 들어, 저녁 식사를 위해 정확히 5시 30분에 식탁에 앉아 있으라고 요구하는 대신, 5시까지 집에 와 있으면 식사가 차려졌을 때 부르겠다고 말하라. 엄격한 취침 및 기상 시간을 요구하는 대신, 30분의 완충요소가 있는 일정을 허락하라.

일정을 기억하기 위한 방법을 자녀와 논의함으로써, 자녀가 일정에 따를 수 있도록 도와주라. 예고하는 것도 좋은 방법이다. 예를 들어, 당신이 오전 9시에 교회로 출발해야 할 때, 30분 전에 "우린 30분 후에 출발해야 해. 준비하겠니?"라고 말하라. 그리고 8시 40분에 "출발하기 전까지 20분 남았어. 이젠 옷을 입고 이를 닦아야 돼"라고 말하라. 또는 주의사항을 적은 메모를 거울 등에 붙여놓아 상기시키는 방법도 그에게 도움을 줄 수 있다. 상기시킬 방법을 선택하는 과정에 지각형 자녀를 참여시키면, 그가 그것을 따르기가 더 쉬울 것이다.

2. 조직화를 격려하라

지각형 자녀는 '모든 물건의 자리를 정하거나 모든 물건을 제자리에 두는' 일이 결코 없을지도 모른다. 그러나 '자기방 청소' 같은 타협 불가능한 요구를 하기 위해서는 지침을 제시하는 것이 좋다. 가령 당신은 이렇게 말할 수 있을 것이다. "네 옷장의 옷이 구겨지거나 뭉쳐져 있거나 서랍장에 쑤셔 넣어져 있더라도 난 상관 안 할 거야. 또 네 방의 벽도 네 마음대로 장식할 수 있어. 그러나 너의 건강과 경제적인 부분을 무시할 수는 없구나. 때문에 너는 모든 음식과 그릇을 매일 밤 취침시간 전에 방에서 갖고 나오고, 빨랫감은 토요일 아침까지 빨래바구니에 넣어서 세탁기를 최대용량으로 돌릴 수 있게 해야 한다." 다시 한 번 강조하면, 이런 구조 속에 약간의 완충요소를 허락하는 것은 지각형 자녀의 삶을 조직화할 때 꼭 필요한 일이다.

3. 결단성을 격려하라

결정을 할 때마다 완벽한 결정을 위한 모든 정보를 가질 수 없음을 지각형 자녀에게 상기시킬 필요가 있다. 생각하고 계획하는 것도 물론 중요하지만, 결국에는 선택을 해야만 한다.

결단성을 격려하는 한 가지 방법은 자녀의 선택범위를 좁혀주는 것이다. 예를 들어, 학교 갈 때 입을 스웨터를 사주기 위해 딸을 백화점에 데려갔다고 하자. 늘 그렇듯이 그녀는 마음을 정하지 못한다. 그녀가 10-12벌의 여러 스웨터에 대해 감탄하고 난 후에 당신은 이렇게 말할 수 있을 것이다. "네가 좋다고 말한 스웨터 중에 우리의 가격 범위에 해당하는 스웨터 네 벌이 여기 있다. 네 가지 모두 스타일과 색상이 네게 잘 어울렸어. 이 중에 하나를 고르렴."[2]

부모의 유형 대 자녀의 유형

자녀의 성격유형을 이해하는 것은, 좌절감을 느끼지 않고 북돋아 주는 방식으로 자녀와 관계를 맺는 데 필요한 절반의 과제일 뿐이다. 당신은 자신의 성격성향과 기대가 자녀의 그것들과 조화되는지, 충돌하는지 알 필요가 있다. 예를 들어, 당신이 지각형이라면 당신의 삶 속에서 프레드와 같은 유형의 자녀를 정말 좋아할 수도 있다. 삶이 잘 조직되고 능력 있는 자녀는 당신이 결코 손도 대지 못할 것 같은 일을 이룰 수 있다. 그러나 그는 당신에게 좌절을 줄 수도 있다. 왜냐하면 그는 종종 이기적이고 요구가 많으며, 조직과 질서를 추구하는 그의 성향은 가족이 자발적으로 움직이길 원하는 당신의 갈망에 찬물을 끼얹기 때문이다.

만일 당신이 판단형이라면, 성격이 편안하고 가족의 소동에도 영향을 받지 않는 셰릴을 정말 좋아할 수도 있다. 그러나 또한 그녀는 당신을 궁지에 몰아넣을 수도 있다. 왜냐하면 당신은 단정함과 질서를 좋아하는 반면, 그녀는 만지는 것마다 어지럽히기 때문이다.

사고형 부모와 감정형 자녀 사이에 일어날 수 있는 충돌도 살펴보자. 나는 감정형 아들을 둔 사고지향적 아버지들과 얘기해보았다. 그들은 아들이 때로 왜 그렇게 비논리적인지 이해할 수 없어서 종종 좌절감을 느꼈다. 또 그들은 아들이 힘든 세상에서 살아남기에는 너무 유약한 것이 아닌지 걱정했다. 그리고 어떤 사고형 아버지는 감정형 아들이 아버지의 삶 속에 있는 약점을 반영해보이고 있는 것은 아닌지 두려워했다.

감정형 아들 역시 아버지의 몰이해에 대한 좌절감을 나누었다. 한 십대는 이렇게 말했다. "저는 미술을 정말로 좋아하고, 제 장래가 거기에 있다고 생각해요. 그러나 아빠는 그걸 격려해주지 않아요. 아빠는 제가 운동을 하길 원하세요. 저는 운동도 좋아하지만, 미술만큼은 아니에요. 아빠가 저에 대해 가지신 남성상의 기대를 제가 충족시킬 수 없다는 걸 이해하셨으면 해요."

또 나는 감정형 어머니와 사고형 딸 사이의 갈등도 목격했다. 인정이 많고 모든 일에 적극적인 감정형 어머니들은 너무 고정적이고 예측가능한 삶을 사는 딸과 관계를 맺는 데 어려움을 겪고 있었다. 그 어머니들은 자신이 어느 부분에서 자녀교육에 실패했는지 의아하게 여기며 살아간다. 반면 딸들은 왜 자신이 엄마를 기쁘게 하지 못하는 걸까 고민하며 성장한다.

'십대 자녀의 차 사용'이라는 미국의 가정에서 자주 일어나는 상황을 예로 들어보자. 주말 파티를 위해 차를 사용하도록 주초에 약속되었지만, 주말에 날씨가 나빠져서 운전하기가 어려운 상황이었다. 사고형 및 감정형 부모의 사고과정을 살펴보자. 그들은 똑같은 결론에 도달할 수도 있지만, 그러기까지 다른 길을 택한다. 그들의 차이점은 과정이지 최종결과가 아니다. 두 유형의 부모가 모두 염려하고, 느끼고, 생각한다. 만일 그들이 자신과 십대 자녀를 이해한다면, 문제의 해결이 훨씬 더 쉬울 것이다. 각 유형에 나타난 부모의 생각에 귀 기울여 보자.

딸이 차를 이용하는 데 찬성하는 논증

사고형 "딸과 나 모두가 여기서 교훈을 배울 수 있어. 부모역할에는 위험을 감수하기를 배우는 것이 포함되고, 성장하려면 책임지기를 배워야 해. 부모역할은 자녀를 놔주도록 스스로 훈련하는 것을 포함하니까, 이번 일은 그 애가 이 집을 떠났을 때 놓아주기를 훈련할 좋은 기회가 될 거야. 내 계산에 따르면, 그렇게 할 때 얻는 학습경험의 유익이 위험요소를 능가해."

감정형 "만일 나의 감정에 대한 고려도 없이 가차없이 차를 빼앗긴다면 내 기분은 어떨까? 다 컸는데 친구들에게 전화해서 차를 태워달라고 부탁해야 한다면, 정말 창피할 거야. 내가 만일 아이의 입장이라면 난 상심하겠지. 그건 이해할 만해. 내가 그렇게 무정할 순 없지."

딸이 차를 이용하는 데 반대하는 논증

사고형 "부모역할을 감당하기란 매우 힘들고 때로 어려운 결정을 내려야 해. 결정은 늘 모든 사람을 만족시킬 수 없고, 일시적 불행감을 초래하기도 하지. 그러나 나는 인기 있는 부모가 되도록 부름 받지 않았고, 다른 사람들을 기분 좋게 하라고 부름 받지 않았어. 부모로서 나는 알맞은 역할모델이 되도록 책임감 있는 결정을 내려야 하고, 그건 모든 사람의 최선에 맞는 것이라야 해."

감정형 "기억나. 내가 십대였을 때 부모님이 나에 대한 사랑을 표현하신 방법 중 하나는, 내가 원하는 것을 다 주지 않은 것이었어. 그 당시에는 속상하고 상처받았지만, 그것을 극복했을 때 난 그분들이 나에게 가장 좋은 것이 무엇인지 생각할 정도로 나에 대한 애정이 깊다는 것을 느낄 수 있었지. 아이를 사랑한다면 차의 사용을 허락하지 말아야 돼."[3]

어린아이에게서 한 가지 성향을 발견한다는 것은 어려울 수 있다. 어떤 때는 한 가지 성향을 보였다가, 다른 때에는 다른 성향을 보일 수도 있다. 너무 일찍 판단하여 그의 발달을 제한하지 않는 것이 중요하다. 어린아이에게 필요한 것은 그의 모든 감각과 잠재성을 깨워주는 풍부한 환경이다. 그는 모든 다양한 기능을 사용할 기회를 가질 필요가 있다.

아동기 후반부 아이들이나 십대는 그들의 주된 기능에서 잠시 이전하여 다른 기능을 개발할 수도 있다. 십대는 아직 정체성의 과도기 단계에 있기 때문에 급속히 변하는 경향이 있다. 그것은 그들의 삶에 균형을 맞춰주는 데 도움이 될 것이므로 그들이 새로운 가능성을 탐구하도록 격려하라. 그들에게는 자신의 성향을 이해하는 것뿐 아니라, 다른 사람들의 차이점을 이해하고 받아들이는 것도 중요하다.

성격충돌로 인한 좌절감을 최소화하기

어느 정도의 성격충돌과 그로 말미암는 좌절감은 어떤 부모-자녀 관계에도 있을 것이다. 위에 예시된 것과 같이, 명백히 다르고 대조적인 성격유형 간의 충돌은 예상할 수 있다. 그러나 부모와 자녀의 기본적 성격유형이 같더라도 출생순서, 내면의 시계, 학습 유형 등이 다를 것이다. 그리고 부모와 자녀가 얼마나 다르냐에 따라, 그 정도만큼의 긴장과 좌절이 발생할 수 있다.

성격 차이로 인한 좌절을 어떻게 해소할 수 있을까? 마지막 세 가지 제안으로 이 책의 개념을 요약하려 한다.

1. 당신의 자녀를 있는 모습 그대로 받아들여라

나는 강조하고자 한다. 외향형 자녀는 외향형이 되게 하고, 감각형의 자녀는 감각형이 되게 하고, 사고형은 자녀는 사고형이 되게 하라. 당신이 그의 기본 성격유형을 바꿀 수 없는 것은 그의 출생순서를 바꿀 수 없는 것과 마찬가지다. 물론 당신의 자녀는 하나님이 만드신 인간으로서 자제, 균형, 성숙이 필요하다. 그리고 하나님은 당신의 자녀가 하나님이 주신 성향을 개발하도록 돕는 데 당신을 사용하실 것이다. 그러나 먼저 당신이 시작해야 할 것은 자녀의 기본적 정체성을 받아들이고 "너로 인해 하나님께 감사한다. 너는 고유한 사람이야. 너에게 특별한 재능을 주셔서 정말 감사한다. 난 너를 있는 모습 그대로 사랑해"와 같은 용납과 인정의 말로 그를 북돋아 주는 것이다.

당신은 "내 아이는 아직 너무 어려. 그런데 어떻게 이런 아이의 성격유형을 파악할 수 있지?"라고 의아하게 여길 수 있다. 어린아이의 주된 성향을 발견하기는 어렵다. 십중팔구 어린아이의 초반부 시기에는 상이하고 상반된 많은 성향이 나타날 것이다. 이때에는 그에게 너무 일찍 꼬리표를 붙여서 그의 발달을 제한하지 않는 것이 중요하다. 어린아이에게 필요한 것은 그의 감각과 잠재성을 깨워주는 풍부한 환경이다.

아동기 후반부의 아이들과 십대는 성인기로 이전하는 과도기에 있으므로 그들이 초기에 가졌던 주된 성향과 달라질 수 있다. 그들이 성장함에 따라 새로운 가능성을 개발하여 그들의 삶에 균형을 이루도록 격려하라. 또한 그들이 자신들의 성격유형을 이해하고 다른 사람들의 성격 차이를 받아들이도록 도와주라.

2. 당신의 기대를 조정하라

부모로서 우리의 좌절감은 대부분 실현되지 않은 기대 때문에 생긴다. 강하고 운동을 잘하는 아버지는 아들이 고등학교에서 스타 축구선수가 되기를 바란다. 사교적이고 사회적인 활동에 적극적으로 참여하는 어머니는 딸이 사교적인 솜씨를 보이기를 기대한다. 아이들이 우리의 기대에 따라 살지 않을 때(그들은 분명히 우리의 모든 기대 항목에 다 부응하지 못할 것이다), 우리는 좌절하고 실패한 것처럼 느낀다.

당신 자신이 그런 덫에 걸리는 것을 허용하지 말라. 하나님은 당신의 자녀가 당신과 똑같기를 원하지 않으신다. 어떤 지혜로운 사람이 말했다. "만일 두 사람이 똑같다면, 그중 하나는 필요하지 않다." 하나님은 당신을 특별하게 창조하셨지만, 당신의 자녀도 고유한 개인으로 창조하셨다. 자녀가 당신을 완벽하게 닮도록(만일 당신이 자신과 반대되는 특질을 좋아한다면, 당신과 반대의 모습을 닮도록) 요구하지 말라. 그가 자신의 모습 그대로 최선을 다하도록 도전하라. 만일 당신의 기대를 하나님의 기대에 맞추면, 자녀에 대한 당신의 좌절감이 크게 줄어들 것이다.

하나님의 뜻과 일치되는 자녀에 대한 기대는, 그들을 북돋아 주는 당신의 의사소통 방식에 반영되어야 한다. 하나님이 주신 그들의 고유성을 그들에게 상기시키고, 그들의 인격과 생활양식에 그리스도의 형상이 나타나기를 바라는 당신의 갈망을 계속 일깨워주어라.

3. 유연성을 위해 기도하라

부모-자녀 간에 성격충돌이 발생할 때, 당신은 자녀보다 더 큰 책임과 역량을 갖는다. 당신은 자녀가 그들의 개성을 책임감 있게 표현하도록 훈육하고 훈련시켜야 한다. 그러나 또한 당신은 각 자녀의 고유한 성격유형을 수용할 수 있을 만큼 유연해야 한다. 부모는 매일 하나님께 이런 기도를 드려야 한다.

"주여, 제가 확고해야 할 때는 확고하게 하시고, 유연해야 할 때는 유연하게 하소서."

행복한 부모 되기 스터디 가이드

당신의 배우자, 신뢰하는 친구,
또는 당신이 속한 스터디 그룹과 함께 나누세요.

Q 당신 가정의 각 구성원의 사고형/감정형 성격유형을 가장 잘 나타내는 숫자에 동그라미를 치라.

☑ 당신

사고형   감정형
  0   1   2   3   4   5   6   7   8   9   10

☑ 배우자

사고형   감정형
  0   1   2   3   4   5   6   7   8   9   10

☑ 첫째 자녀

사고형   감정형
  0   1   2   3   4   5   6   7   8   9   10

☑ 중간 자녀

사고형   감정형
  0   1   2   3   4   5   6   7   8   9   10

☑ 중간 자녀

사고형   감정형
  0   1   2   3   4   5   6   7   8   9   10

☑ 막내 자녀

　　사고형　　　　　　　　　　　　　　감정형
　　　0　　1　　2　　3　　4　　5　　6　　7　　8　　9　　10

Q 당신 가정의 각 구성원의 판단형/지각형 성격유형을 가장 잘 나타내는 숫자에 동그라미를 치라.

☑ 당신

　　사고형　　　　　　　　　　　　　　감정형
　　　0　　1　　2　　3　　4　　5　　6　　7　　8　　9　　10

☑ 배우자

　　사고형　　　　　　　　　　　　　　감정형
　　　0　　1　　2　　3　　4　　5　　6　　7　　8　　9　　10

☑ 첫째 자녀

　　사고형　　　　　　　　　　　　　　감정형
　　　0　　1　　2　　3　　4　　5　　6　　7　　8　　9　　10

☑ 중간 자녀

　　사고형　　　　　　　　　　　　　　감정형
　　　0　　1　　2　　3　　4　　5　　6　　7　　8　　9　　10

☑ 중간 자녀

　　사고형　　　　　　　　　　　　　　감정형
　　　0　　1　　2　　3　　4　　5　　6　　7　　8　　9　　10

☑ 막내 자녀

사고형										감정형
0	1	2	3	4	5	6	7	8	9	10

Q 당신, 배우자, 자녀의 외향형/내향형, 감각형/직관형 유형에 근거하여 가족의 의사소통에 관한 어떤 유용한 결론을 내렸는가?

---

note

1) LaVonne Neff, One of a Kind(Portland, OR: Multnomah Press, 1988), adapted from pp. 35-36, 70, 93-94; Otto Kroeger and Janet M. Thuesen, Type Talk(New York: Delacorte Press, 1988), adapted from pp. 18-19.
2) Kroeger and Thuesen, Type Talk, adapted from pp. 71ff.
3) Kroeger and Thuesen, Type Talk, pp. 30-31.

에필로그

퍼즐 조각이 맞추어질 때

나는 당신이 이 책의 지침을 적용하며 좋은 부모가 되는 과정 속에서 지속적으로 만족감과 성취감을 느끼며 나아가기를 간절히 바란다. 다음의 가장 중요한 단계들에 대한 간략한 복습이 당신에게 도움이 될 것이다.

- 각 자녀의 인격발달을 위한 맞춤 청사진을 만들라. 유연성을 가지고 대처하며 각 자녀에게 자유의지가 있음을 기억하라.
- 당신의 자녀가 성숙할 수 있도록 힘을 부여하는 사랑의 유산을 남기라. 자녀가 당신을 의존하던 것으로부터 독립하고 결국 하나님을 의지하게 도와주라. 이것이 진짜 성숙이다!
- 부모로서 당신의 좌절감을 키우는 부모역할의 신화들은 무엇인지 알아내라. 당신 자신과 자녀에 대한 당신의 기대를 파악하고 분명하게 하라.
- 당신의 자녀 안에서 개발되고 있는 역할들을 파악하라. 만일 그것

이 건전하다면 기뻐하라. 만일 그것이 역기능적이라면 진로 수정이 필요하다.
- 판단하고, 경시하고, 탓하고, 흠잡는 유독성 언어 무기를 영구적으로 멈추라. 세워주고, 지원하고, 아껴주며, 북돋아 주는 의사소통방식을 채택하라.
- 부모의 분노와 좌절로 인해 자녀에게 언어적 학대가 촉발되는 것을 허용하지 말라.
- 미묘하고, 파괴적이고, 가치절하하는 메시지를 긍정적이고, 인정하고, 북돋아 주는 메시지로 바꾸라. 언어적, 비언어적으로 "난 너를 있는 모습 그대로 사랑한다"라고 의사소통하기를 배워라.
- 자녀의 고유한 밑그림과 학습 유형을 발견하라. 출생순서에 따른 특징과 성격유형을 이해하라. 그의 고유성을 인정하고 격려하라.

하나님은 모든 아이가 각자의 특별한 고유성을 갖고 개성을 지닌 사람이 되도록 창조하셨다. 당신은 자녀를 성장시키고, 변화시키며, 자녀로 인해 즐거워하고, 자녀를 북돋아 주는 양육의 기회를 가지고 있다. 당신이 그렇게 할 때, 퍼즐 조각들이 맞추어져 갈 것이고, 부모로서 당신의 좌절감은 눈 녹듯이 사라지는 것을 보게 될 것이다.

아이는 왜 내 말에 상처받을까?

초판인쇄 • 2000년 10월 15일
1판 4쇄 • 2003년 9월 25일
2판 2쇄 • 2010년 11월 10일
3판 1쇄 • 2018년 8월 10일

지은이 • H. 노먼 라이트
옮긴이 • 김주성
발행인 • 임용수
대표 • 조애신
책임편집 • 이소연
편집 • 이소정
디자인 • 임은미
마케팅 • 전필영
온라인마케팅 • 고태석
경영지원 • 김정희, 조창성

발행처 • 도서출판 토기장이
주소 • 서울시 마포구 망원로 26 토기장이 B/D 3F
출판등록 • 1990년 10월 11일 제2-18호
대표전화 • (02) 3143-0400
팩스 • (02) 3143-0646
E-mail • tletter@hanmail.net
www.facebook.com/togijangibook

ISBN 978-89-7782-397-6

값 13,000원

"우리는 진흙이요 주는 토기장이시니
우리는 다 주의 손으로 지으신 것이라"
(이사야 64:8)

「이 도서의 국립중앙도서관 출판예정도서목록(CIP)은 서지정보유통지원시스템 홈페이지(http://seoji.nl.go.kr)와 국가자료공동목록시스템(http://www.nl.go.kr/kolisnet)에서 이용하실 수 있습니다. (CIP제어번호 : CIP2018024193)」